À votre service

Éditions Favre SA
Siège social:
29, rue de Bourg – CH-1003 Lausanne
Tél.: (+41) 021 312 17 17
lausanne@editionsfavre.com
www.editionsfavre.com

Groupe Libella

Dépôt légal en janvier 2024

Couverture: Laurane Quartenoud
Mise en pages: Lemuri-Concept

ISBN: 978-2-8289-2066-1

Les Éditions Favre bénéficient d'un soutien structurel de l'Office fédéral de la culture pour les années 2021-2024

Racha Belmehdi

À votre service

FAVRE

Pour mes neveux, Ardian, Antar et Leith, en espérant qu'ils s'épanouissent où qu'ils choisissent de travailler.

Introduction

Eh merde. Je m'étais pourtant juré de ne plus jamais prendre de job de service. Après avoir subi harcèlement sexuel, management oppressif et clientèle exécrable lors d'une mission d'hôtesse d'accueil dans un salon de coiffure parisien de luxe, j'avais mis les bouchées doubles sur les envois de CV et propositions de piges à divers médias. Pourtant, un découvert bancaire et une facture de téléphone impayée plus tard, me voilà en robe noire, jambes croisées et tout sourire face à la recruteuse d'un grand magasin.

Les faits sont têtus : je n'ai plus les moyens d'être (uniquement) journaliste. Contrairement à certains de mes confrères et consœurs, je ne compte pas sur mes parents pour payer ponctuellement mon loyer pendant que je cours après la gloire et la rémunération des rares médias pour lesquels j'écris[1]. J'ai beau redoubler d'efforts, me creuser la cervelle pour proposer des idées intéressantes aux rédactions[2], je dois me rendre à l'évidence : le secteur dans lequel je travaille est bouché et,

---

1 Les non-concernés ne le savent pas toujours, mais les journalistes pigistes (payés à l'article) doivent parfois relancer plusieurs fois certains médias peu scrupuleux pour être payés. Ces situations ajoutent à la précarité de nombre de journalistes.

2 Elles sont parfois suffisamment intéressantes pour que je les retrouve, quelque temps plus tard, dans le média auquel je les ai proposées, traitées par un autre journaliste…

avec mon caractère d'ermite, je n'y ai pas assez d'amis qui pourraient m'embaucher. Mon dernier article, sur lequel j'ai travaillé trois semaines, m'a été payé 86 euros par un média au nom prestigieux. « Et vous avez de la chance, les piges passent à 60 euros le mois prochain », m'annonce la cheffe de service.

Face à mon désespoir, une amie, manager d'une marque italienne de luxe, m'informe que le grand magasin dans lequel elle travaille recrute, à la faveur de réformes récentes concernant le travail du dimanche, des employés pour le week-end. L'enseigne, ainsi que ses concurrentes, propose des contrats à mi-temps correctement rémunérés, comportant différentes primes. La somme proposée a beau être modeste, surtout dans un contexte parisien, elle est pourtant plus élevée que celle que je gagnais lors de mon dernier CDD dans le journalisme : pour environ 50 heures de travail par semaine (au lieu des 39 prévues par mon contrat[3]), je touchais un peu plus du SMIC. « C'est parfait pour toi, tu pourras tranquillement payer tes factures et avoir du temps libre pour tes autres projets », jubile mon amie.

L'idée ne me tente pas vraiment : depuis mes 16 ans, l'âge minimum légal pour travailler en France, je suis passée par un nombre hallucinant de petits jobs en tous genres. Ainsi, j'ai été baby-sitter, hôtesse d'accueil lors de salons et colloques mannequin-cabine, vendeuse en fast-fashion, monitrice en colonies de vacances, distributrice de flyers publicitaires, serveuse en boîte de nuit (expérience unique qui s'est soldée par une agression au tesson de bouteille sur ma sœur, qui travaillait avec moi, par une cliente éméchée...), vendeuse par téléphone

---

3 Les heures supplémentaires gratuites sont légion dans le milieu...

d'abonnements pour des magazines chrétiens, figurante dans des séries télévisées[4], concierge en entreprise…

Je ne renie aucune de ces expériences. Chacune d'entre elles m'a appris les spécificités d'un emploi exercé par de nombreuses personnes : vous le saviez, vous, que prendre un accent du sud de la France permet souvent de gagner la confiance d'un client au téléphone et donc de conclure une vente facilement ? Que la plupart des magasins de fast-fashion autorisent les clients à essayer des sous-vêtements, même lorsqu'il s'agit de culottes et de strings ? Que les salariés du *retail*[5] ne peuvent pas vraiment refuser de travailler les jours fériés, alors que le volontariat est censé être la règle ?

Exercer chacun de ces emplois m'a énormément appris. Chacun d'entre eux m'a permis de m'extraire momentanément de mon microcosme de CSP+[6], et de fréquenter des personnes que je n'aurais jamais croisées dans mon cercle d'amis aisés et éduqués. J'ai ainsi pu me confronter à des visions de la vie diamétralement différentes de la mienne, mais pas forcément opposées. Occuper ce type d'emploi m'a en outre permis de payer mon loyer, mes factures, lorsque mes CDD dans le journalisme se terminaient ou que les piges se faisaient rares. J'ai aussi pu tenir le coup lors de la crise du Covid, alors que la plupart des journalistes de mon entourage voyaient leurs contrats se réduire comme peau de chagrin, occasionnant reconversions d'urgence ou retours en province.

---

4 Dont la série *Gossip Girl*, première mouture. Bizarrement, cette expérience me vaut, de leur propre aveu, les faveurs d'une quantité hallucinante de recruteurs… Le secret pour trouver du travail ne résiderait donc pas dans le fait de traverser la rue.

5 La vente au détail.

6 Catégorie socioprofessionnelle favorisée.

La plus grande leçon que chacun de ces emplois m'a donnée reste d'avoir défini avec précision ce dont je ne voulais pas. Car je m'y suis prodigieusement ennuyée, ai subi un nombre incalculable d'humiliations et de vexations. J'y ai connu l'infantilisation et le mépris de classe. J'y ai appris que les clients sont une engeance démoniaque (sans la moindre exagération) et que je ne souhaite plus jamais travailler dans des établissements accueillant du public. Travailler dans le service est devenu ma vision personnelle de l'enfer.

Pourtant, je souris de toutes mes dents à ma recruteuse et lui déballe le boniment auquel elle s'attend: « J'ai choisi la vente par passion et amour du service. Votre enseigne est une merveille, le fleuron de l'élégance à la française, inégalé de par le monde. C'est un rêve d'enfant de travailler chez vous. » Elle sourit et couche quelques notes sur le papier, visiblement satisfaite de mon baratin. Est-ce qu'elle y croit vraiment? Quelques jours plus tard, je reçois un appel: « Vous êtes prise ! Vous aviez l'air d'en avoir vraiment envie, de ce poste. » J'ai surtout envie de payer mon loyer et mes factures, t'emballe pas, cocotte. « Vous commencez dans trois jours. Bienvenue au Grand Magasin. »

Youpi. Eh merde.

*

*   *

J'ai ainsi passé plus de deux ans au *Grand Magasin*. Mon expérience, qui sera égrenée ici et là tout au long de ce livre, s'est finalement avérée être une des plus longues de ma vie, ainsi que mon premier CDI[7].

---

7 Ces derniers ne sont pas légion dans ma branche professionnelle.

Mes semaines s'y organisaient ainsi : trois jours au travail, quatre à essayer de m'en remettre. Il me semble que je peux affirmer, sans exagérer une seconde, qu'elle a été moralement violente.

Pour la première fois de ma vie, je considérais sérieusement la démission, malgré le peu d'options qui s'offraient à moi pour continuer de subvenir à mes propres besoins. Mais un évènement nommé « Covid » m'a évité cette démarche[8]. Ainsi, à la mi-mars 2020, le Grand Magasin s'est vu obligé de baisser le rideau. Pendus aux lèvres d'Édouard Philippe, mes collègues et moi avons accueilli la nouvelle tant attendue avec une joie immense, quoique cachée. Le temps de rassembler nos affaires et nous étions tous de retour chez nous pour nous mettre à l'abri, comme le reste de la France. Enfin... pas toute la France.

Contrairement à la majorité d'entre nous, certains sont restés sur le pont : le corps médical, évidemment, en première ligne et au bord de l'implosion. Mais aussi les hôtes et hôtesses de caisse, les livreurs Deliveroo, Uber, Amazon, les éboueurs, les chauffeurs de VTC, les aides à domicile... Tous continuent à travailler, s'exposant quotidiennement à la contagion, dans un contexte d'incertitude quant à la létalité de la maladie. Certains y laisseront la vie[9].

La Patrie reconnaissante les applaudit : chaque soir, les Français sortent sur leurs balcons, à leurs fenêtres, pour leur rendre hommage[10]. Sur les réseaux sociaux, on

---

8 Et m'a laissé le temps et l'esprit libre pour travailler sur mon premier livre, *Rivalité, nom féminin*, en partie inspiré de mes diverses expériences dans les jobs de service, notamment au Grand Magasin.
9 « Coronavirus : Aïcha Issadounène, 52 ans, caissière chez Carrefour, a succombé au Covid-19 » (lemonde.fr).
10 « Coronavirus : Les caissières, ces héroïnes de la guerre contre la pandémie » (courrierinternational.com).

s'organise pour mettre à disposition des soignants des logements proches des hôpitaux. À chaque passage en caisse, un mot d'encouragement à l'hôtesse[11]. Leur sacrifice ne sera pas oublié dans « le monde d'après », pense-t-on. Et le retour à la normale a des allures de gueule de bois.

Les salariés du service sont les grands oubliés des méditations philosophiques autour du travail, de ses transformations, de son utilité. Pourtant, à l'heure où l'on théorise sur les burn-out des cadres, sur le *quiet-quitting*, où l'on prodigue des solutions pour rendre le salariat plus supportable, il est urgent d'inclure ces métiers méprisés aux réflexions générales. De rendre leur humanité à celles et ceux qui les exercent.

11 Ou à l'hôte, même si, vous l'aurez remarqué, l'immense majorité de ces postes mal payés sont occupés par des femmes.

Partie I

Essuyer (littéralement) le mépris

Chapitre I
L'explosion des métiers du service : pourquoi ils sont devenus indispensables

« Je lui demande s'il pourrait se séparer de [sa domestique]. Surpris, il réfléchit quelques secondes et répond d'un ton à la fois assuré et étonné : "Ah non, c'est impossible, ça !" » – Alizée Delpierre[1]

Un samedi à la poste : dans la file d'attente pour envoyer un colis, j'attends mon tour. Des éclats de voix me parviennent alors, me forçant, ainsi que toutes les personnes présentes dans le bureau de poste, à me retourner pour en découvrir l'origine. Il s'agit d'un monsieur, la cinquantaine bourgeoise, mocassins italiens aux pieds, visiblement à bout de nerfs. L'objet de sa hargne : l'automate du bureau de poste lui résiste. L'ire de l'homme le pousse à frapper la pauvre machine, jusqu'à l'intervention d'un ouvrier du chantier d'à côté, passé acheter des timbres sur sa pause. Avec patience et pédagogie, il explique au colérique

---

1 *Servir les riches, les domestiques chez les grandes fortunes,* Alizée Delpierre, éditions La Découverte.

monsieur comment peser sa lettre pour obtenir le timbre approprié. Ce dernier se radoucit et, son courrier posté, s'en va.

Ce petit évènement me rappelle la réflexion d'une amie, Nolwenn[2], employée multitâche dans un cinéma parisien: « Racha, les riches ne savent rien faire. Ils ne sont pas foutus d'accomplir des actions simples du quotidien et sont incapables de mettre un pied devant l'autre si un larbin ne leur montre pas la marche à suivre. » Le cinéma dans lequel elle travaille se trouve dans un arrondissement huppé et les anecdotes qu'elle me rapporte sont souvent empreintes d'un mépris de classe hallucinant.

Je ne peux pas m'empêcher de penser qu'il y a une part de vrai dans ce qu'elle me dit. Me revient alors le nombre de fois où je me suis effectivement trouvée face à des personnes parfaitement valides, incapables d'ouvrir une porte, d'écouter et d'exécuter des consignes simples. Peut-être estimaient-elles qu'en ma qualité d'employée de service, ces tâches me revenaient?

Au collège, à la fin de l'année 1999, je me souviens qu'un professeur nous avait prédit l'explosion imminente des métiers de service. Avant le passage au nouveau millénaire, encore bercés par l'illusion de l'utopie à venir, nous rêvions tous d'une technologie au service de l'humain. Le réveil allait être difficile.

Un service pour chaque besoin…

Difficile d'y échapper: aujourd'hui, pour répondre à n'importe quel besoin, il existe probablement une application. Repassage, ménage, garde d'enfants, livraison

2 Le prénom a été changé.

à domicile… La sphère domestique pourrait être intégralement gérée par des prestataires extérieurs. Il suffit d'en avoir les moyens. Lucas[3], tout juste trentenaire, peut, de son propre aveu, se le permettre, car il a « un salaire confortable ». « Mais je pense que j'utiliserais quand même ces services si je gagnais moins bien ma vie, car ils me la facilitent bien trop ! »

Certains, en effet, ne peuvent pas se passer d'une forme de domesticité à leur service, quand ils n'ont pas leurs propres employés. Selon la sociologue Alizée Delpierre, autrice de *Servir les riches*[4], un essai à propos des serviteurs et de leurs employeurs, « le domestique a une réelle utilité : celle de se délester de toutes les tâches contraignantes. Le domestique permet en cela la reproduction des élites. Aucun ultra-riche ne pourrait faire fructifier sa fortune en restant PDG de son entreprise tout en élevant ses enfants, nettoyant sa maison et faisant sa cuisine. Ce que la domestique offre par ses services, c'est du temps, que les riches peuvent consacrer à ce qu'ils veulent, notamment à leur travail[5]. »

Lucas me décrit son quotidien ainsi facilité : « Je passe par une plateforme pour que le ménage soit fait chez moi deux fois par semaine, mes courses sont livrées sur le pas de ma porte… et comme je n'aime pas cuisiner, je me fais souvent livrer des repas, ce qui m'évite de manger systématiquement la même chose. » Il me montre les différentes applications qu'il utilise sur son portable et m'explique leur fonctionnement. Une question me vient alors : sait-il comment les employés organisent leur travail ? Après une petite hésitation, il

3 Le prénom a été changé.

4 *Op. cit.*

5 Richesse : « Le mode de vie des ultra-riches n'est pas tenable sans les domestiques » (20minutes.fr).

m'avoue ne pas en savoir grand-chose mais qu'il serait prêt à payer un peu plus cher pour leur garantir une plus grande sécurité et de meilleures conditions de travail. « Mais pas beaucoup plus, hein ! », ajoute-t-il en riant.

Je mesure alors à quel point les applications distendent les rapports entre les employés des entreprises de services et les clients. Voire les font totalement disparaître : Lucas m'avoue, par exemple, qu'il ne croise pas toujours les personnes qui viennent nettoyer son logement. Comment ainsi comprendre le fonctionnement d'une plateforme, le quotidien des employés et générer de l'empathie ? À ma grande surprise, Lucas préfère que les choses conservent leur mystère : « J'aurais bien plus de mal à faire appel à ces applications si je connaissais individuellement les personnes qui y travaillent. C'est comme lorsqu'on achète des vêtements en fast-fashion : on sait que les conditions de travail des ouvriers sont souvent mauvaises, que des enfants sont parfois dans les usines mais on achète quand même. Dans ce cas précis, si je suis honnête avec moi-même… ma flemme est plus forte que mon envie de justice ! »

Ce discours me fait penser à mon père et à sa réflexion, répétée comme une prophétie tout au long de mon adolescence : « Trop de technologie fera de toi une fainéante. » J'ai eu beau rouler des yeux, il avait vu juste : la technologie nous a rendus paresseux à bien des égards[6]. Le journaliste Gurvan Kristanadjaja, auteur de l'essai *Ubérisation, piège à cons*[7], évoque une « économie de la flemme » sur le plateau de la journaliste Judith Duportail, animatrice du podcast « On peut

---

6 Enfin… ceux qui ont les moyens de l'être.

7 *Ubérisation, piège à cons*, Gurvan Kristanadjaja, éditions Robert Laffont.

plus rien dire». L'émission du 12 novembre 2021, intitulée «Deliveroo: donner un pourboire suffit-il à laver notre conscience?[8]», s'ouvre ainsi sur un édito de la journaliste, évocateur et honnête: «Alors que la nuit pointait en même temps qu'un léger vague à l'âme, je cherchais autour de moi comment m'extraire de cette langueur annoncée [...]. Alors je fis ce que beaucoup d'entre nous auraient fait à ma place: j'ai commandé des ramens sur Deliveroo. Une part de moi savait. Savait que les livreurs de la firme sont exploités, poussés à bout, qu'ils n'ont aucune protection sociale. Une autre part de moi savait que j'aurais pu tout aussi bien descendre au coin de ma rue m'acheter un plateau de sushis. Mais non, si je suis totalement honnête, je voulais qu'on me serve, qu'on monte jusque chez moi... Limite, j'aurais aimé qu'on me déballe mes plats, me les installe joliment et me noue une serviette autour du cou. Ne rien faire moi-même, comme quand j'étais enfant et malade et que ma mère m'apportait un repas au lit.»

... au détriment des moins aisés

L'envie de «se faire servir» n'est pas l'apanage des grandes fortunes ou de l'aristocratie. Aujourd'hui, chacun peut avoir des domestiques, le temps d'une course ou d'un repas. Il y a quelques années, la photo, largement relayée sur Facebook, d'un ticket de livraison à domicile Uber choque. Celle-ci consistait en une barre de chocolat Kinder Bueno, payée 2 euros et livrée par un

8 «Deliveroo: donner un pourboire suffit-il à laver notre conscience?», *On peut plus rien dire*, 12 novembre 2021, Binge Audio.

chauffeur abasourdi. Un commentaire glané à l'époque[9]: «UBERration. Cette entreprise ne paye pas d'impôts, ne reconnaît pas ses salariés en tant que tels, ignore le droit du travail… Et vous, vous êtes prêts à détruire tout un système qui fonctionne pour qu'un chauffeur habillé en pingouin vous tienne la porte et vous donne une bouteille d'eau.» Il est intéressant de noter que l'idée de la création d'Uber serait née de l'expérience parisienne de ses créateurs américains: présents pour participer à un salon professionnel, Oscar Salazar, Travis Kalanick et Garrett Camp sont frappés par la difficulté à trouver un taxi dans la capitale française. Le projet prend forme à leur retour en Californie et prend le nom de code d'UberCab: littéralement, «au-dessus des taxis[10]». En 2012, la France devient le premier pays étranger à accueillir la jeune société. Un comble dans un pays souvent fier de sa protection sociale.

Toujours dans son édito, Judith Duportail s'interroge: «Est-ce qu'il tient là, le succès des entreprises de livraisons de repas? Dans la rencontre de l'anxiété et la solitude passagère de jeunes bourgeois avec la misère économique de certains, contraints d'accepter les jobs les plus précaires?» L'humain semble en effet rarement au cœur des préoccupations de la plupart des clients, au vu du succès des plateformes de services ou des commerces peu regardants sur le bien-être de leurs employés. Tant que le célèbre adage «le client est roi» n'est pas amendé, les choses resteront en l'état.

---

9 Malgré tous mes efforts, je n'en ai pas retrouvé l'auteur. Je le restitue ici de mémoire: il n'est probablement pas exact mais l'idée reste la même.

10 *Ubérisation, piège à cons, op. cit.*

Chapitre 2
« T'avais qu'à faire des études » : subir le mépris de classe de plein fouet

"To serve people takes dignity and intelligence. But remember, they're only people with money. We serve them but we are not their servants. What we do, Miss Ventura, does not define who we are[1]*." – Maid in Manhattan*

« Il n'y a pas de sot métier[2]*, il n'y a que de sottes gens. » – Proverbe attribué à Antoine Leroux de Lincy, historien et bibliothécaire français*

En 2020, les portes du Grand Magasin se sont fermées. J'ai la chance d'être indemnisée mensuellement au titre du chômage partiel mais j'accuse

1 « Servir les gens demande de la dignité et de l'intelligence. Mais souvenez-vous qu'ils ne sont que des gens qui ont de l'argent. Nous les servons peut-être mais nous ne sommes pas leurs serviteurs. Ce que nous faisons, Miss Ventura, ne nous définit pas. » Courte tirade prononcée par le personnage de M. Bloch, incarné par feu Bob Hoskins, dans le film *Maid in Manhattan* (2002).

2 Et non pas « sous-métier », comme on peut le lire parfois.

une grosse baisse de salaire. Quelques missions d'intérim pourraient m'aider à me maintenir à flot.

Je suis rapidement recrutée[3] par une agence dynamique, qui me propose de faire de la conciergerie d'entreprise. D'après l'Institut de Conciergerie Internationale, le travail consiste à « favoriser le confort de vie du salarié au sein de l'entreprise[4] ». En bref, mon rôle sera de prendre en charge pour les clients (les salariés d'une grande entreprise) diverses tâches, comme le pressing, les réservations de vacances, les places en crèche… Malgré mon absence totale d'expérience dans ce domaine, ma recruteuse pense que je peux faire l'affaire. Le job n'est en effet pas compliqué et les tâches, quasiment inexistantes : les salariés sont presque tous en télétravail.

Après quelques missions réussies, ma recruteuse souhaite passer à l'étape supérieure : elle me propose une mission de conciergerie à mi-temps dans un immeuble du XVIe arrondissement. « C'est une clientèle un peu particulière, je vous préviens. » Ma recruteuse a l'euphémisme facile, je m'en rendrai compte plus tard. Le premier jour de ma mission, j'arrive, tirée à quatre épingles, à 15h30 devant un immeuble cossu sur une grande avenue, véritable ghetto du gotha[5]. J'y suis accueillie par Charles-Édouard[6], le concierge du créneau du matin (8h-16h), qui se chargera de me former.

Charles-Édouard est un drôle de zèbre : la cinquantaine bigarrée, il s'exprime dans un style pompeux

3 Mon CV a fait la différence grâce à ma mission de figurante sur le set de *Gossip Girl*, comme me l'explique ma recruteuse avec un enthousiasme qui me laisse perplexe.

4 Concierge d'Entreprise : fiche métier (institut-conciergerie.com)

5 Pour citer un célèbre ouvrage des sociologues Michel Pinçon et Monique Pinçon-Charlot.

6 Le prénom a été changé.

qu'il explique par sa condition précédente de comédien de théâtre. Je comprends assez vite que cet emploi est pour lui chasse gardée, ce qui explique l'étonnant turnover sur le poste de l'après-midi : des dizaines de concierges en devenir s'y succèdent depuis des années, sans jamais réussir à sécuriser leur place[7]. Inutile de sortir de Saint-Cyr pour comprendre que Charles-Édouard leur met des bâtons dans les roues. Je le rassure en lui faisant comprendre que je ne suis pas intéressée par un CDI et que je ne suis là que pour dépanner. Il semble me croire et se détend.

Notre conversation est interrompue par l'arrivée dans l'immeuble d'un des locataires, que nous voyons passer devant les portes vitrées de la loge. Charles-Édouard bondit aussitôt comme un diable à ressort et lui court après. Je le suis afin de lui prêter main-forte, quel que soit le problème. Ma surprise est grande : le concierge souhaitait seulement présenter ses hommages au locataire et lui souhaiter une bonne journée accompagnée d'une espèce de courbette. Sollicitudes auxquelles ce dernier répond d'un vague geste de la main. L'ex-comédien répétera ce manège tout au long de la journée, la plupart du temps accueilli comme allant de soi par les locataires.

Je comprends qu'on attend de moi la même attitude. Que nenni. Une fois Charles-Édouard parti (une heure et demie après son horaire prévu), je ferme la porte de la conciergerie : après tout, elle est vitrée et l'on peut voir de l'extérieur que je suis présente et disponible. Mais surtout, nous sommes au mois de décembre et il fait 2°C. Je m'attelle aux rares tâches qui restent à exécuter,

7 Sans cautionner l'hostilité, je comprends tout à fait l'importance de conserver son job, passé un certain âge, et l'angoisse que peut générer la perspective de le perdre.

mets de l'ordre dans ma guérite, puis m'installe à mon comptoir pour lire mon livre, dans l'attente d'un éventuel client. Environ une trentaine de minutes plus tard, on toque à ma porte. Je lève la tête et aperçois une dame qui me fixe, bras ballants à travers la vitre. Pensant qu'elle attend poliment que je l'invite à entrer, je ne comprends pas immédiatement qu'elle veut que je me lève pour lui ouvrir la porte. Tout sourire, je lui fais signe d'entrer et elle s'exécute d'un air maussade, puis me lance :

– Normalement, la porte est censée rester ouverte, je ne devrais pas avoir à la pousser !

Bien qu'interloquée, je réponds posément qu'il fait très froid dehors.

– Charles-Édouard la laisse ouverte, lui !

– Oui madame, mais Charles-Édouard est probablement moins frileux que moi. Comment puis-je vous aider ?

– Oh ben, je n'ai besoin de rien. Je voulais juste vous dire que je trouve scandaleux que vous soyez en train de lire au lieu de travailler. Après tout, on ne vous paye pas à ça.

Elle a osé et, pourtant, le pire reste à venir. Malgré son arrogance, je réponds aussi poliment que possible que je suis disponible pour les locataires mais que je ne vais pas fixer le mur en les attendant. Mon envie de violence a beau être intense, j'essaie d'engager le dialogue et lui demande si elle a déjà exercé un emploi de service. Sa réponse me laisse pantoise : « Ah, certainement pas, j'ai fait des études, *j'ai choisi*, moi. »

Je ne devrais pas être aussi surprise : le mépris de classe se manifeste régulièrement par des réflexions mesquines au personnel de service. Samia[8], vendeuse

---

8 Le prénom a été changé.

dans un magasin de chaussures, me raconte que ses clients lui rappellent en permanence, lorsqu'il lui arrive de faire une erreur ou de perdre patience, qu'elle n'avait « qu'à faire des études ». « Si je suis d'humeur taquine, je leur révèle que je suis ingénieure en pétrochimie, que j'ai perdu mon emploi suite à une maladie et qu'ils ne sont pas à l'abri que ça leur arrive aussi », précise-t-elle en souriant. La sociologue Alizée Delpierre note également que près de la moitié des domestiques qu'elle a rencontrés ont des diplômes, « qui s'échelonnent du CAP au bac + 5[9] ».

Au Grand Magasin, nombre des employés du service dans lequel je travaille sont bardés de diplômes. Zhang[10], Hongkongaise de 33 ans, me raconte qu'au Royaume-Uni, elle occupait un poste de journaliste dans une publication prestigieuse. « Mais l'amour m'a fait perdre mon épanouissement professionnel », soupire-t-elle. En vacances à Paris, elle a rencontré son actuel époux et a quitté la perfide Albion pour l'Hexagone. « Ici, impossible de faire valoir mon expérience. Le Grand Magasin est la seule entreprise qui voulait bien de moi, dans un statut bien inférieur à celui que j'avais outre-Manche. » En questionnant mes autres collègues, je me rends compte qu'ils sont nombreux à être dans le même cas[11]. Je recense une ingénieure agronome, une infirmière, un pilote d'avion… Leur point commun : ils sont tous racisés[12].

---

9 *Servir les riches, op. cit.*

10 Le prénom a été changé.

11 https://www.leparisien.fr/economie/jai-deux-masters-et-jai-bien-cru-devoir-postuler-pour-etre-caissiere-le-long-parcours-de-taslima-28-ans-pour-decrocher-un-emploi-05-08-2022-CKONFZISERAEHCGZEGGB6JFLCI.php.

12 Voir partie II, chapitre 8 : « Les femmes racisées en première ligne ».

Je ne suis pas vraiment surprise. Les emplois que l'on désigne comme « non qualifiés » ne le sont jamais vraiment, comme l'explique l'avocate et autrice Lizzie O'Shea : « Tous ceux qui en ont fait l'expérience peuvent le confirmer : ces "petits boulots" exigent en fait des qualifications considérables. Servir dans un restaurant, répondre au téléphone, trier des articles, éplucher des légumes, encaisser... tout cela nécessite de la dextérité, de la force, de la mémoire, de l'endurance, des qualités relationnelles. Le "travail non qualifié" est en fait aussi divers que les compétences nécessaires pour le mener à bien, souvent acquises sur le tas[13]. » Pragmatique, elle explique : « La question des compétences requises de fait par ces postes non qualifiés, cependant, ne doit pas masquer une indéniable réalité : depuis une trentaine d'années, une grande partie de ces activités ont été délibérément déqualifiées. Elles ont été divisées, morcelées pour imposer une sempiternelle répétition des mêmes gestes, rendant ainsi les tâches encore plus éprouvantes[14]. »

Le niveau d'études d'une personne ne devrait en aucun cas être le baromètre de la politesse qui lui est due. Pourtant, je constate régulièrement un changement d'attitude des locataires de l'immeuble du XVIe arrondissement où je travaille lorsqu'ils apprennent que je prépare mon premier livre. En quelques mots, je deviens un être humain digne de respect, voire d'une certaine amabilité. Je ne suis plus une simple concierge.

13 « Les emplois non qualifiés n'existent pas », par Lizzie O'Shea (*Le Monde diplomatique*, mai 2020) (monde-diplomatique.fr).
14 *Ibid.*

Un mépris qui s'affiche ouvertement

Rosa[15], quinquagénaire coquette et caissière dans un petit supermarché parisien, me confirme ce que je pensais, naïvement, être une légende urbaine: « Régulièrement, des parents de jeunes enfants leur expliquent, lorsqu'ils sont à ma caisse, que, s'ils ne travaillent pas bien à l'école, ils finiront comme moi. Ce qui me blesse le plus, c'est que ces parents me sourient avec connivence, comme si j'étais censée comprendre leur raisonnement et les appuyer. Comme si je n'étais pas un humain avec des sentiments… » Dans une allusion à la période du Covid, elle ajoute: « La lune de miel a été courte ! »

Comme moi et beaucoup d'autres, Rosa imaginait un monde post-pandémie plus respectueux de ces métiers essentiels, et plus humain. Mon amie Nolwenn[16], employée dans un cinéma, nourrissait les mêmes espoirs, même si elle les a abandonnés le jour où une cliente a jugé adéquat de la traiter comme un chiffon, en lui frottant sa carte de crédit sur la manche parce qu'elle « ne passait pas ». Lorsque je lui demande d'évaluer le comportement des clients avant et après l'épidémie de Covid, elle me répond sans hésiter qu'il est « largement pire, encore plus agressif ». Certains faits divers ne semblent pas la faire mentir: en mai 2021, à Cergy-Pontoise, un livreur noir est victime de coups et d'insultes négrophobes alors qu'il attend de récupérer une commande[17]. La riveraine qui filme l'agression est également agonie d'injures du même acabit. Après la diffusion

15 Le prénom a été changé.
16 Le prénom a été changé.
17 « Une enquête ouverte à Cergy-Pontoise après l'agression d'un livreur et des injures racistes » (lemonde.fr).

de la séquence sur internet, l'agresseur est retrouvé, jugé et condamné à deux ans de prison pour violences, injures publiques à caractère raciste et apologie de crime contre l'humanité, pour ses références répétées à l'esclavage[18]. Un thème récurrent puisqu'à Laval, en Mayenne, toujours au printemps 2021, c'est au tour de Yaya Guirassy, livreur Uber Eats, alors en pleine tournée de livraison, de recevoir ce message d'une cliente en attente de sa commande: «Dépêche-toi, esclave. Je vais te donner un centime, tu mérites que ça[19].» Choqué, le livreur décide de porter plainte dès le lendemain, soutenu par Uber Eats qui suspend le compte de la cliente et coopère avec les forces de l'ordre. La cliente est condamnée à 1000 euros d'amende l'année suivante. De quoi inciter le Collectif des livreurs autonomes des plateformes (CLAP) à appeler à la manifestation afin de dénoncer les violences et le mépris dont sont victimes les livreurs. Selon Jérôme Pimot, porte-parole du collectif, «on n'est pas sur des revendications de droit du travail mais de Droits de l'Homme[20]».

La culture du larbinisme

Les insultes et incivilités semblent faire partie intégrante du quotidien des employés de service. Selon une étude de 2015 du cabinet de conseil Éléas, spécialiste de la qualité de vie au travail et de la prévention des risques psychosociaux en France, «si

18 «Agression d'un livreur noir à Cergy: un homme condamné à deux ans de prison» (lemonde.fr).
19 «Uber Eats : Un livreur porte plainte après qu'une cliente lui a écrit: "Dépêche-toi, esclave"» (20minutes.fr).
20 «Des livreurs se révoltent contre le mépris et les violences» (huffingtonpost.fr).

près de la moitié des salariés (42%) se déclare exposée aux incivilités, tous les secteurs et métiers ne sont pas égaux devant ce phénomène. Sans surprise, le contact avec des publics extérieurs est ici un facteur important. Sont ainsi surexposées les personnes travaillant à un guichet ou à l'accueil (77%), dans un commerce (66%) [...]. On observe également que les salariés travaillant en horaires décalés (50%) sont plus exposés que ceux ayant des horaires classiques (29%)[21]. »

Il est assez difficile de faire comprendre l'étendue des dégâts que cause cette forme de violence aux personnes non concernées. Pourtant, au quotidien s'installe un sentiment d'humiliation, un stress supplémentaire... 68% des salariés développent ainsi des troubles anxieux lorsqu'ils sont exposés de façon répétée aux incivilités ordinaires[22]. Un dégoût qui mène fatalement à un désengagement du salarié. Attitude que peinent parfois à comprendre les clients, outrés du détachement et du manque d'égards d'employés qu'ils considèrent à leur service. Sur le réseau social TikTok, de nombreux aspirants humoristes raillent à loisir les employés de la fast-fashion, des fast-foods, de la grande distribution... avec l'aval de milliers de commentaires approbateurs et une pléthore d'anecdotes personnelles. Certains suggèrent à ces employés de « changer de métier », comme si le contexte économique actuel tendu et l'appauvrissement général dû à l'inflation facilitaient la flexibilité du marché de l'emploi, ou que les personnes occupant ces postes les avaient choisis par passion.

Le désengagement du salarié s'amplifie lorsqu'il constate qu'il n'a pas le soutien de sa hiérarchie. Au nom

21 Dossier-colloque-Incivilités_Eleas_2015_Web.pdf.
22 Les incivilités au travail : de quoi s'agit-il ? | Éléas.

du fameux adage « le client est toujours roi », certains managers choisissent parfois de ne pas défendre leurs employés face aux agressions, insultes et autres incivilités. Toujours selon le cabinet Éléas, 35 % des salariés sondés estiment que, même informés de leur mal-être, les employeurs/managers ne prennent pas de mesures pour les aider. D'après Éric Goata, associé chez Éléas, pourtant, « la normalité du travail n'est pas de se faire agresser. Le manager a un rôle très important pour aider à retrouver une normalité[23]. »

Il m'est souvent arrivé de le constater lors de mes différents jobs. Ainsi, lorsqu'une cliente du salon de coiffure où je travaillais m'a traitée « d'idiote, écervelée, incapable » (mon tort avait été de ranger son manteau à 8000 euros dans le vestiaire avec les autres), la directrice avait estimé que je ne devais pas « le prendre personnellement ». Assez difficile lorsqu'un client vociférant vous insulte en vous pointant du doigt. Un de mes anciens collègues au Grand Magasin m'a également rappelé cette anecdote : alors qu'il demandait à une cliente comment elle souhaitait être remboursée, il a eu droit à une volée de bois vert, cette dernière s'estimant insultée par son « ton insolent ». « Je te chie dessus », lui avait-elle lancé, entre autres amabilités, sous les yeux médusés de ses collègues. Notre manager s'était contentée de faire les gros yeux à cette cliente, alors que nous voulions tous faire appel à la sécurité. « C'est officiel, le Grand Magasin fait de nous des larbins », m'avait lancé mon collègue, amer. Il n'y travaille plus aujourd'hui.

23 « Incivilités en hausse : comment mieux vivre ensemble au travail ? » (lagazettedescommunes.com).

Chapitre 3
Les anges gardiens invisibles : une déshumanisation dangereuse

« Malgré ces indices, les domestiques semblent absentes, sauf quand on pénètre dans les cuisines, les cagibis, les caves, qu'elles occupent bien plus que leurs employeurs. » – Alizée Delpierre[1]

Le Grand Magasin me contacte rapidement après mon entretien. Mon profil les a apparemment « impressionnés ». Ce retour suscite chez moi un peu d'amertume : faut-il donc afficher des Masters sur son profil pour pouvoir travailler chez eux ? J'apprends que je suis attendue samedi par mes futurs managers et mon équipe, qui sont ravis de m'accueillir. Avant de raccrocher, la recruteuse me précise : « N'oubliez pas d'avoir une tenue intégralement noire. » Une première pour moi, qui ai toujours apprécié l'esthétique gothique de loin, plutôt sympathisante que militante.

---

1 *Servir les riches*, *op. cit.*

Premier jour au Grand Magasin. Déguisée en princesse des ténèbres, je me rends sur mon lieu de travail avec la vague impression d'aller à un enterrement. Afin de coller aux attentes de la direction, j'ai opté pour une robe austère, d'inspiration mormone (malgré sa longueur mini) par ses manches longues bouffantes et son col montant, à laquelle j'ai adjoint une paire de collants opaques, ainsi que des Mary-Janes[2] vernies aux talons carrés. Le tout rigoureusement noir.

Je ne porte jamais cette (non-) couleur : habituée aux imprimés, aux couleurs vives ou pastel, je me sens dépossédée d'une part de ma personnalité. Peut-être est-ce le but : empêcher toute velléité de singularisation afin que je me fonde dans la masse et adopte un esprit de corps. Je ne suis plus moi, Racha, adoratrice des imprimés Liberty, et indécrottable Pink Lady[3]. Je deviens, le temps de mon shift, une employée du Grand Magasin, parmi des centaines d'autres, aisément identifiable. Et paradoxalement invisible.

Tuer la personnalité

Arrivée au département des relations humaines, je signe mon contrat et me vois remettre un ensemble de documents administratifs, ainsi que le règlement intérieur. J'épluche soigneusement ce dernier, ainsi que mon contrat de travail : nulle mention n'y est faite d'une quelconque tenue vestimentaire noire obligatoire. Évidemment, il est préférable pour l'entreprise

2 Souliers à brides, également appelés « babies ».
3 La bande de Rizzo et ses copines dans le film *Grease*, reconnaissables par leurs blousons roses, pas la reine des pommes (quoique…).

que la consigne reste orale : si elle était mentionnée noir sur blanc, l'employeur aurait alors l'obligation de fournir une tenue aux salariés ou de lui verser une prime forfaitaire pour l'achat de vêtements ainsi que pour leur entretien[4]. Pourtant, j'ai dû dépenser une coquette somme afin de m'équiper du strict nécessaire. On ne me remboursera pas cet argent, puisque, officiellement, je suis seulement « invitée » à porter du noir. Je découvrirai pourtant à mes dépens que je ne peux déroger, même de façon épisodique, à cette règle.

L'uniforme imposé aux salariés du service peut s'expliquer par la nécessité pour les clients de les distinguer et de savoir ainsi à qui s'adresser. Certaines enseignes se contentent souvent d'équiper leurs employés d'un badge, à l'image d'une enseigne de retail par laquelle je suis passée pendant mes études et qui encourageait presque toutes nos extravagances[5] ; grand bien leur en a pris, puisque les clients, inspirés par notre équipe bigarrée, nous demandaient conseil et obéissaient à toutes nos recommandations et suggestions.

Les enseignes qui imposent uniformes et codes couleurs à leurs employés visent, au contraire, à dépersonnaliser leurs salariés en les forçant, au moins visuellement, à faire corps. « De cette façon, on évite les divas, les starlettes qui se démarquent trop de leurs collègues, et on limite la jalousie. Tout le monde est logé à la même enseigne. Et puis, le noir, c'est la couleur de la discrétion, on ne vole pas la vedette

---

4 « Tenue vestimentaire au travail : que dit le Code du travail ? » (juritravail.com).

5 Presque, puisque y régnait une intense ambiance de slut-shaming envers certaines salariées jugées trop « court-vêtues ». Une manager avait même jugé approprié d'interpeller à ce sujet la mère d'une de mes collègues (cette dernière avait pourtant 25 ans)…

aux clients », me confie Lara[6], manager dans un grand magasin parisien.

Pourtant, la Cour de cassation a défini, en novembre 2022, une limite à l'uniformisation : un employé d'Air France a porté plainte contre la compagnie aérienne qui prétendait lui interdire les « tresses africaines nouées en chignon », au motif qu'une « telle coiffure n'était pas autorisée par le manuel [...] pour le personnel navigant commercial masculin ». Le salarié avait dû porter une perruque pendant des années pour avoir le droit de travailler. Mis à pied quelques mois après sa plainte pour discrimination, en raison d'une « présentation non conforme aux règles du port de l'uniforme », il avait été déclaré inapte puis licencié après avoir refusé un reclassement. La justice lui a donné raison[7].

La quête de dépersonnalisation peut parfois aller loin, comme le démontre la sociologue Alizée Delpierre, via une anecdote édifiante relatée dans son ouvrage[8]. Violaine, mannequin mariée à un banquier d'affaires, y désigne ainsi ses employées : « Chez moi, c'est Mouna. Quand on devient mon employée, on devient Mouna. C'est comme ça. » Chez elle, la domestique a un prénom arabe, car cela lui rappelle ses séjours dans des hôtels au Maroc et en Tunisie, « où toutes les femmes de ménage s'appelaient Mouna ». D'après la sociologue, ce type de comportement est répandu : « Il est très fréquent de voir l'employeuse appeler la domestique par un autre prénom que le sien, afin de la réduire à sa fonction et annuler son identité. Certains ultra-riches attribuent

6 Le prénom a été changé.
7 https://www.leparisien.fr/faits-divers/air-france-ne-peut-interdire-le-port-des-tresses-afro-a-ses-stewards-tranche-la-cour-de-cassation.
8 *Servir les riches*, *op. cit.*

même un prénom spécifique par poste: chaque personne qui travaille sur ce poste reçoit le prénom en question[9]. »

Une anecdote en appelle une autre: lors de mon passage dans un call-center, toutes les employées (dont moi) avaient reçu le même pseudonyme[10]. La fiction s'est aussi emparée du problème: ainsi, dans le film de 2002 *Maid in Manhattan*, le personnage de Caroline Lane, incarné par Natasha Richardson, s'obstine à appeler Marisa Ventura, femme de chambre de l'hôtel dans lequel elle séjourne (et jouée à l'écran par Jennifer Lopez), « Maria ». Un film doublement intéressant, puisque l'héroïne change – du moins virtuellement – de statut en délaissant son uniforme de domestique pour revêtir les vêtements de Caroline Lane. L'habit fait (presque) le moine.

Rester invisible

« Moi, c'est simple: celui qui ne répond pas à mon "bonjour", je ne le sers pas », assène Lise[11], attachée commerciale dans une banque française. Son métier consiste à accueillir, orienter et proposer des produits bancaires aux clients. « Aujourd'hui, certains ne te regardent même pas, concentrés sur leurs portables pendant que tu leur expliques les procédures, puis se plaignent plus tard de ne pas avoir été renseignés correctement... Et, évidemment, ça finit par me retomber

---

9 « Richesse: Le mode de vie des ultra-riches n'est pas tenable sans les domestiques » (20minutes.fr).

10 Nous nous appelions toutes Nathalie Meunet, nom inoffensif et surtout à consonance française traditionnelle.

11 Le prénom a été changé.

dessus. Et ça m'épuise ! Tu n'imagines pas comme c'est épuisant d'être invisible. »

Je le visualise pourtant sans peine, pour l'avoir souvent vécu. En travaillant dans différents emplois de service, on découvre la déshumanisation dans sa chair. Je ne compte plus les fois où des clients m'ont traitée comme un automate ou une poupée-mannequin. Il y a eu cette femme venue pour une opération administrative qui, trois fois d'affilée, a refusé de répondre à mon « bonjour[12] », puis, la quatrième, a daigné me regarder avec une exclamation d'exaspération et de dégoût[13]. Ces trois femmes qui, pendant que j'emballais leur shopping, ont détaillé l'intégralité de mon look comme si je n'étais pas là. Cet homme qui a jeté sa carte de crédit sur le comptoir, ignorant ma main tendue pour la prendre[14]. Ou encore, ces personnes qui évitaient les toilettes de l'étage où elles travaillaient, par crainte que leurs collègues ne découvrent la nature de leurs activités, mais qui ne se gênaient pas pour se servir des miennes, au rez-de-chaussée où je travaillais comme hôtesse d'accueil, m'y laissant parfois des surprises parfumées et omettant de tirer la chasse d'eau.

Cette dernière anecdote me semble particulièrement parlante : soucieux de leur image auprès de leurs collègues, de même classe sociale, ces quelques personnes n'avaient aucun mal à « se laisser aller » à environ 4 mètres de moi. De la même manière qu'ils laissaient le soin aux femmes de ménage, figures invisibles, matinales et silencieuses[15], le soin de ramasser leurs détritus

12 On est têtu lorsqu'il s'agit d'obtenir le respect minimum.
13 Évidemment, cette dame n'a jamais été servie. Et a même été orientée vers la sortie.
14 Je la lui ai relancée de la même manière, tellement fort qu'elle est tombée par terre et qu'il l'a ramassée piteusement.
15 "I was a cleaner – Downing Street's contempt for service workers is deeply rooted in office culture" | *The Independent.*

ou de faire leur vaisselle sans trop se poser de questions. Certes, je n'avais pas avec eux le même type de relation qu'ils entretenaient avec leurs partenaires de travail, pourtant ils me voyaient tous les jours. J'avais beau faire partie de leur quotidien... je n'existais pas à leurs yeux pour autant. Pas suffisamment pour qu'ils craignent mon éventuel jugement.

Chauffeur de taxi depuis plus de trente ans, Rachid[16] a l'habitude que ses passagers oublient ou ignorent sa présence. Ses observations me laissent songeuse : « Je ne sais pas si c'est la faute des portables ou des réseaux sociaux, mais les gens ont perdu toute pudeur depuis quelques années. Ils ont perdu tout respect pour moi. Avant, les clients discutaient à voix basse, n'étalaient pas leur vie privée devant moi, ou alors, ils restaient silencieux. Aujourd'hui, ça s'engueule au téléphone, ça discute à bâtons rompus de sujets extrêmement personnels parfois. » Il me confie également ce que je croyais être un gimmick de mauvaise série télé : « Il m'arrive régulièrement d'avoir des couples qui prennent ma banquette pour leur chambre à coucher. D'une certaine manière, ils veulent me forcer à participer à leur fantasme, d'en être un acteur silencieux, un accessoire ! Alors moi, je les mets dehors. C'est ma limite. »

De telles anecdotes, certains font le choix d'en rire, à l'image de la page Instagram Employee Tears, suivie par 1,4 million de personnes, ou de l'humoriste et comédien Scott Seiss, qui détaille dans des vidéos hilarantes l'absurdité de son expérience de vendeur chez Ikea et ses interactions lunaires avec certains clients. En France, on trouve le groupe Facebook « Neurchis de clients à déposer délicatement au sol ». Ici, chacun publie un post, avec

16 Le prénom a été changé.

parfois une ironie et une férocité jubilatoires, concernant ses pires rencontres avec des clients malpolis, racistes ou agressifs. Après plusieurs années dans différents jobs de service et la ribambelle d'anecdotes qui vont avec, Claire[17] a créé le groupe comme un exutoire face à un quotidien parfois pénible, mais tient à y maintenir une ambiance bon enfant: «On est vigilants sur la bienveillance sur le groupe, c'est primordial.»

La bienveillance n'est pourtant pas toujours de mise envers les employés de service. Une connaissance me confiait ainsi son expérience de travail dans un centre d'assistance. Après avoir envoyé une femme de ménage à une famille de bénéficiaires, elle avait eu ce retour à peine croyable: «On peut pas la changer? Elle fait peur aux enfants.» L'apparence physique de l'employée était en question. Un type de discrimination sur lequel la loi est pourtant claire[18].

Il faut avoir atteint un niveau de déshumanisation particulièrement élevé pour être traité tel un objet sans sentiments. Certains membres de la classe politique ne semblent pas s'en émouvoir, comme en atteste la proposition de la femme politique britannique Ann Widdecombe, membre du parti conservateur: en 2020, cette dernière avait suggéré la mise en place d'un horaire de shopping sans masque pour les réfractaires à son port[19]. Parmi les nombreux commentaires approbateurs, une petite lueur d'espoir: «Nombreux sont ceux qui ne considèrent pas les employés du retail comme des humains, et ça se voit.»

---

17 Le prénom a été changé.

18 La protection contre les discriminations – Ministère du Travail, du Plein emploi et de l'Insertion (travail-emploi.gouv.fr).

19 "Mask dissenter" Ann Widdecombe wants to shop 'unmuzzled' (thelondoneconomic.com).

Chapitre 4
Nettoyer la honte

« J'ai des mains faites pour l'or et elles sont dans la merde[1]. » – Scarface

Le Napoléon[2] est délicieux, les petits pirojkis[3] aussi. L'ambiance feutrée de ce salon de thé russe huppé, lové au cœur de Saint-Germain-des-Prés, sublime le plaisir gustatif. Après avoir réglé la note de ce merveilleux goûter partagé avec ma meilleure amie, je fais un saut rapide aux toilettes. Elles sont occupées, ce qui me laisse le temps d'admirer la décoration rococo aux alentours.

Un homme d'une cinquantaine d'années sort sans se presser des WC, me tirant de ma rêverie. Ce que j'y trouve en y entrant manque de me tuer et je me rends compte, trop tard, que je n'ai pas entendu la chasse d'eau avant la sortie de l'indélicat. Mon premier réflexe

1 Fun fact : cette célèbre réplique ne figure pas dans la version originale du film de Brian de Palma et a été inventée de toutes pièces par le studio de doublage français chargé de son adaptation.
2 Sorte de millefeuille, nommé ainsi pour commémorer la victoire russe de 1812 sur les troupes napoléoniennes.
3 Petits chaussons garnis de viande hachée, de champignons ou de pommes de terre.

est de ressortir, de le confronter et lui demander de revenir tirer la chasse d'eau. Et passer la brosse, par la même occasion. Mais, encore une fois, trop tard : impuissante, je le vois déjà s'éloigner par les grandes baies vitrées du salon de thé.

Une serveuse arrive alors derrière moi et, d'un coup d'œil rapide dans les toilettes, comprend la situation. Avant que je n'aie le temps de réagir, elle s'y glisse furtivement et referme la porte derrière elle. Deux minutes plus tard, elle ressort des WC et, avec un sourire énigmatique, ouvre la porte en grand et m'invite d'un geste ample à y entrer. Les toilettes sont rutilantes de propreté.

Il est difficile de décrire mon sentiment à ce moment-là. Un mélange de satisfaction et de honte : je suis satisfaite car je vais pouvoir faire pipi dans des toilettes propres, ce qui est agréable (et pas toujours évident dans les lieux publics parisiens). Mais le fait de voir une employée forcée de nettoyer la chose la plus personnelle, d'une certaine manière, d'un client me révulse. Après tout, j'aurais au moins pu tirer la chasse d'eau moi-même, si j'avais mis de côté mon sentiment de révolte face à l'indélicatesse de certains clients. Voire à leur supériorité autoproclamée.

« Vous passez après moi »

Mon éducation me pousse à considérer que chacun est responsable de ses propres déchets : hors de question de laisser traîner les résidus d'un pique-nique ou d'attendre, en entreprise, qu'un agent d'entretien fasse ma vaisselle. Et encore moins de déléguer l'acte de tirer la chasse d'eau.

Pourtant, ce respect de base ne semble pas évident à tous. Au Grand Magasin, certaines collègues, face à l'état parfois catastrophique des toilettes des employés, n'hésitent pas à s'en prendre aux trois femmes de ménage, qui font pourtant ce qu'elles peuvent: «Mais si certaines avaient un usage normal des WC, ils ne seraient pas dans un tel état», s'agace Najet[4], qui assure, avec ses collègues, l'entretien de toutes les toilettes du magasin, aussi bien celles réservées aux employés que celles destinées au public. Elle me rappelle, excédée, que certaines de mes collègues s'amusent parfois à maculer les murs d'excréments ou à coller des serviettes hygiéniques usagées sur les portes[5].

Il semblerait que les femmes de ménage et agents d'entretien collectionnent ce type d'anecdotes, comme me le confirme Amira[6]. Femme de ménage chez un célèbre artiste français, elle doit souvent composer avec l'attitude méprisante de la conjointe de ce dernier, animatrice télé. «Elle reçoit régulièrement des cadeaux de la part de grandes marques, des vêtements, des cosmétiques… Lorsqu'ils ne lui plaisent pas, elle les met tout simplement à la poubelle et verse de l'eau de javel dessus pour qu'on ne puisse pas les récupérer… Lorsqu'elle est de mauvaise humeur, pour des raisons qu'elle seule connaît, elle nous le fait bien comprendre.» Mais ce n'est pas le pire, pour Amira: «Ce qui me heurte le plus, c'est qu'elle refuse de tirer la chasse d'eau.» Je peine à comprendre et dois lui faire répéter pour en être sûre: «Oui, elle défèque et nous demande de nettoyer après elle. Elle nous dit

4 Le prénom a été changé.
5 Véridique, je l'ai vu de mes propres yeux…
6 Le prénom a été changé.

simplement: "Vous passez après moi[7]" et s'en va. C'est une tâche trop prosaïque, indigne d'elle.» À entendre le récit d'Amira, j'ai pourtant ma petite idée sur l'origine de l'indignité dans cette histoire…

Comme on peut le constater en se perdant un peu trop dans les limbes d'internet, les incidents impliquant de la matière fécale sont fréquents: ici, une cliente mécontente qui soulève sa robe et défèque à la caisse d'un fast-food; là, un homme pris d'une envie pressante qui se soulage sur des boissons gazeuses dans un supermarché… Je vous épargne d'autres détails scatologiques.

De telles histoires interrogent: a-t-on atteint un stade où des individus peuvent être tellement autocentrés qu'ils en perdent la décence de base? Au point de littéralement «chier sur les autres»? C'est le principe du *goblin*[8] *mode*, l'expression choisie par l'Oxford University Press[9] à la suite d'un vote du public, pour l'année 2022. Il s'agit d'un mode de vie de jouisseur impénitent, sans la moindre considération pour les normes sociales (comme celle qui consiste à ne pas déféquer en public). Une des entrées du site Urban Dictionary le définit de la sorte: «Quand tu perds les pédales au point de ressembler à un gobelin[10].» Une définition assez parlante.

Parfois, les choses sont moins spectaculaires mais tout aussi révélatrices: «Il m'arrive d'avoir des clientes qui se présentent dans un état de saleté inimaginable et demandent à se faire épiler le maillot. Pour moi, c'est

---

7 Le double sens de cette phrase fait froid dans le dos.

8 En français, «gobelin», du nom d'une créature fantastique malfaisante.

9 Maison d'édition qui édite le dictionnaire Oxford.

10 Urban Dictionary: *Goblin mode*.

simple : c'est *niet* », me confie, goguenarde, Louisa, esthéticienne. Quand je lui demande comment elle explique ce manque de considération de la part de ces clientes, elle me répond du tac au tac : « Elles ne nous voient pas comme des personnes, c'est tout. »

La honte

Travailler au service du public peut devenir incroyablement dégradant. Le mépris s'affiche parfois de façon totalement décomplexée. Au mieux, l'indifférence s'y substitue. Mais jamais ce type d'emploi n'est célébré, ni considéré comme utile ou essentiel.

J'ai enchaîné ce type de jobs pendant des années et certains ont considéré qu'ils me définissaient. Certaines personnes, que je pensais être mes amies, se sont éloignées de moi à mesure que je m'attardais dans ces métiers dévalorisés. D'autres m'ont clairement fait comprendre leur inquiétude de m'y voir m'éterniser.

Rien de déshonorant, pourtant, à travailler dans le service. Cependant, j'ai beau n'avoir aucune honte de ces expériences, j'évite de les mentionner lorsque j'y suis. Les admettre ne peut que me valoir d'y être attachée en permanence, à l'image des peintres Séraphine de Senlis et Baya Mahieddine, domestiques et artistes célèbres, constamment renvoyées à leur condition première. Une connaissance, également journaliste, m'a avoué enchaîner les missions d'hôtesse d'accueil entre deux piges, mais ne pas l'assumer auprès de ses pairs plus aisés. Je la comprends. Dans nos milieux, avouer que l'on ne vit pas de sa plume est un sceau d'infamie. Il vaut mieux reconnaître que l'on se fait aider par ses parents plutôt que de se « rabaisser » à des jobs peu valorisants.

Pourtant, ce n'est plus un secret pour personne : nous sommes la première génération à vivre moins bien que nos parents[11]. Mon père, fils d'un ouvrier en métallurgie mort d'un cancer du poumon à seulement 40 ans, lui a offert une victoire posthume en devenant diplomate, représentant son pays avec conviction à travers le monde. Ses études, son travail lui ont permis de s'extraire de sa condition et de bâtir une vie plus confortable. Il est ce que l'on appelle un transfuge de classe.

D'une certaine manière, j'en suis une aussi… mais inversée. Ou instable. Mes études et mon extraction bourgeoise n'ont pas suffi à me prémunir contre la précarité. Nous sommes quelques-uns dans ce cas-là et nos rangs semblent appelés à grossir… D'où l'intérêt d'apprendre à ne plus juger, ni avoir honte de nos emplois, qui nous nourrissent mais ne nous définissent pas.

---

11 « Les jeunes de la génération Y sont moins riches que leurs parents à leur âge » (rtbf.be).

Partie II

Des métiers de femmes

Chapitre 5
Working class héroïne

« Il n'y a qu'un travail autonome qui puisse assurer à la femme une authentique autonomie. » – Simone de Beauvoir, *Le deuxième sexe*

« L'emploi féminin reste encore fortement concentré au bas de la hiérarchie socioprofessionnelle. En 2000, selon l'enquête Emploi, 62 % des femmes sont encore ouvrières ou employées. La progression forte de la scolarisation des filles transforme certes les conditions d'accès à l'emploi, mais toutes les données disponibles montrent une inégale valorisation des diplômes selon le sexe sur le marché du travail[1]. » – Nicolas Gadrey

« Actuellement, près de 80 % des salariés à bas salaire sont des femmes, et 74 % d'entre elles occupent des emplois à temps partiel[2]. » – Françoise Milewski

« La crise actuelle au regard du marché du travail semble revêtir deux formes : le chômage pour les

1 « Société de la connaissance et qualifications des femmes » (cairn.info).
2 « La précarité des femmes sur le marché du travail – Sciences économiques et sociales » (ens-lyon.fr).

hommes, la précarité et ses maux pour les femmes – temps partiels subis, temps fragmentés, émiettés, sous-payés, sans débouchés – à la lisière de la pauvreté, voire de la grande pauvreté[3]. » – Fatima Lalem

Aussi loin que je me souvienne, j'ai toujours eu, dans chacun de mes jobs alimentaires, une majorité de femmes pour collègues[4]. Lors de ma brève expérience de serveuse, je n'avais aucun collègue masculin, pas plus que lorsque je distribuais des flyers pour des compagnies aériennes dans la rue. Au Grand Magasin, mon service comptait, pour un effectif d'environ une quarantaine de femmes, seulement cinq hommes[5]. Ces derniers se faisaient rares, alors que les emplois que j'exerçais n'étaient pas spécialement genrés.

Comment expliquer de telles disparités ? Il me fallait m'interroger sur la nature de mes différents emplois, ainsi que sur les attentes pour chacun. Pour être vendeuse, serveuse ou hôtesse d'accueil, il me faut faire preuve de qualités traditionnellement considérées comme féminines : patiente, souriante, serviable... Je dois également identifier rapidement et satisfaire les besoins de mes différents clients[6]. En bref, je suis censée les aider, les dorloter, aller dans leur sens. Des obligations pas si éloignées de la condition maternelle.

3 « L'emploi féminin : une précarité à durée indéterminée » (cairn.info).

4 La seule fois où j'ai compté plus d'hommes que de femmes était lors de mon expérience de monitrice de colonie de vacances (mais ce n'est pas un emploi de service).

5 Chiffre approximatif car, à cause des horaires différents de chaque salarié, je ne les ai pas tous rencontrés.

6 Pas de mauvais esprit, je vous prie.

Le care et le service aux autres, devoirs féminins par excellence

Enfant, je n'ai quasiment eu que des institutrices : mon premier instituteur n'est arrivé qu'en CM2[7]. Mon corps professoral s'est ensuite diversifié au collège. Ma scolarité n'ayant commencé qu'au CP, je ne connais la maternelle que de loin : j'observais ces classes colorées dans lesquelles évoluait ma petite sœur en tablier orange, encadrée par des femmes aux petits soins. Toujours des femmes.

Mes observations m'ont amenée, une fois versée dans les écrits féministes, à m'instruire à propos du *care*. La psychologue et professeure de psychologie sociale Pascale Molinier en donne cette définition : « Ce terme se réfère d'abord à une perspective théorique dans le champ de la psychologie et de la philosophie morale. Plus récemment, il a été utilisé pour désigner des activités ou professions dans lesquelles la dimension non médicale du soin – le souci, l'attention, la réponse aux besoins – occupe une place centrale. Aides-soignantes, auxiliaires de vie, aides à domicile, nounous sont des travailleuses du *care*. Le *care* est également présent dans l'activité des infirmières, bien sûr, mais il est notablement délégué à des subordonnées. Sur le marché du travail, le *care* désigne des activités dévalorisées, invisibles et sous-payées, réalisées à domicile ou en institution par des femmes en majorité[8]. »

---

7 Notre bien-aimé M. Belkhiter, bon comme le pain.

8 *Les risques du travail, pour ne pas perdre sa vie à la gagner*, collectif, sous la direction d'Annie Thébaud-Mony, Philippe Davezies, Laurent Vogel, Serge Volkoff, éditions La Découverte.

Pourquoi les femmes sont-elles surreprésentées dans ces métiers ? Si l'on est paresseusement tenté de penser qu'elles y sont naturellement meilleures, le point de vue de la politologue féministe Joan Tronto balaye les considérations essentialistes. « Dans la dévalorisation des métiers du care et leur prise en charge par les femmes et les classes défavorisées, Joan Tronto voit surtout l'œuvre (historique) de forts conditionnements permettant de voir ces tâches difficiles comme le simple prolongement du travail domestique (non rémunéré alors qu'il est estimé à 33 % du PIB)[9]. »

Les femmes sont donc poussées par ces métiers car on considère qu'elles n'y feront rien de plus qu'elles ne fassent pas déjà. Le conditionnement commence extrêmement tôt puisque, dès la maternelle, les petites filles sont incitées à prendre soin des autres et de leur intérieur, à développer leur talent domestique, à travers des jeux comme la marchande, les mini-cuisinières, les balais, les poupons, etc., tandis que les garçons sont plus encouragés à investir l'extérieur et développer leur imaginaire. Des tendances qui se confirment lors du choix des études, puis des métiers.

L'avocate féministe Gisèle Halimi évoque ce conditionnement familial en racontant sa première grève de la faim, à 13 ans, afin de ne plus avoir à faire le lit de son frère, tâche domestique imposée par ses parents. Lorsque ses parents cèdent, elle écrit dans son journal intime d'adolescente : « Aujourd'hui, j'ai gagné mon premier petit bout de liberté[10]. »

---

9 « Le "care" : d'une théorie sexiste à un concept politique et féministe » (radiofrance.fr).

10 Conférence à l'université Paris-Diderot, 16 novembre 2010.

La sous-utilisation des savoirs féminins

Pourtant, comme on l'a vu plus tôt, les femmes sont nombreuses aujourd'hui à posséder diverses qualifications. La sociologue Nicole Gadrey pointe cependant le décalage entre ces niveaux de formation et les positions le plus souvent occupées : « Pour les autres, en particulier pour les jeunes filles dans le secteur du commerce, les décalages entre niveau de formation initiale et position dans les classifications sont monnaie courante. Pour ne citer qu'un seul exemple, une jeune femme, titulaire d'un DEA de sciences économiques, occupe depuis plusieurs années un emploi de vendeuse non qualifiée au plus bas niveau de la classification, et de fait gère l'ensemble du rayon universitaire consacré à l'économie. Quand on l'interroge sur les contenus de son emploi, elle dit : "C'est en fait tout le travail, comme si on avait chacun sa petite librairie." Faut-il dans ces conditions parler de sous-utilisation des savoirs féminins ? Il semble bien que, dans de nombreux cas rencontrés dans l'enquête, ces savoirs soient utilisés, mais non reconnus[11]. »

Un fait qui m'évoque mes collègues du Grand Magasin : souvent diplômées (hautement, parfois), elles parlent, pour beaucoup, une multitude de langues de par leurs origines variées mais aussi par leurs études. Japonais, portugais, russe, arabe, mandarin, coréen... résonnent dans notre espace de travail, parfois mâtiné d'anglais, qu'elles parlent toutes à la perfection (ce qui n'est pas le cas de nos managers, qui nous appellent souvent à la rescousse pour interagir avec certains clients). Un

---

11 « Société de la connaissance et qualifications des femmes » (cairn.info).

environnement qui laisse penser que, contrairement à ce que l'on pense, le travail non qualifié n'existe pas vraiment, du moins pas chez ces femmes. « On parle d'un salariat non qualifié, mais en réalité, ces dernières sont souvent surdiplômées par rapport à l'emploi occupé », confirme Pascale Molinier[12].

Sur le terrain, le nombre de nos supérieurs directs hommes et femmes est assez équilibré, mais penche drastiquement en faveur des hommes lorsqu'on grimpe dans l'échelle managériale. Comme l'indiquent les économistes Laurent Gobillon, Dominique Meurs et Sébastien Roux, « un tiers seulement des managers sont des femmes dans les pays de l'OCDE (avec de fortes variations selon les pays)[13]. » C'est un fait désormais bien connu : comme l'air en montagne, en entreprise, les femmes se raréfient dans les hauteurs... La sociologue Nicole Gadrey développe : « Plus généralement, les données permettant de comparer les positions socioprofessionnelles des hommes et des femmes montrent clairement que les phénomènes de ségrégation verticale et horizontale restent prégnants, malgré la montée forte des niveaux scolaires des filles. Certes, selon les enquêtes Emploi, les femmes occupent désormais près de la moitié des professions intermédiaires (la part des femmes est passée de 43 % à 47 % entre 1990 et 2000). Mais, pour les cadres et professions intellectuelles supérieures, elles restent nettement minoritaires, même si leur part dans cette catégorie augmente (elle est passée de 29 % à 35 % entre 1990 et 2000). Dans l'encadrement supérieur, elles restent très minoritaires,

12 *Les risques du travail, pour ne pas perdre sa vie à la gagner, op. cit.*

13 « Le difficile accès des femmes aux emplois les mieux rémunérés : mécanismes et mesure » (cairn.info).

aussi bien dans les entreprises que dans la fonction publique. Dans les deux mille entreprises françaises les plus importantes en effectifs, la part des femmes chez les cadres dirigeants ne dépasse pas 6%. Dans la fonction publique, la part des femmes occupant des postes de direction ou d'inspection est de 13% et les chances des hommes d'accéder à ce type de fonctions sont dix fois supérieures à celles des femmes[14]. »

Ainsi, malgré des avancées quotidiennes, les portes des emplois d'encadrement semblent hermétiques aux femmes, même lorsqu'elles sont qualifiées ou diplômées. Il est plus facile, à la lumière de ces chiffres, de comprendre leur surreprésentation dans des métiers dits non qualifiés, qu'elles contribuent pourtant à enrichir et complexifier.

14 « Société de la connaissance et qualifications des femmes » (cairn.info).

Chapitre 6
Objets de fantasmes et éternelles bonniches

« Vous êtes taillée en soubrette; vous en avez la figure, le propos, le jeu, le geste; tenez-vous là, et ne songez point à vous élever davantage. » – Louis Petit de Bachaumont, *Mémoires secrets*

« Un jeune homme qui veut avoir chez lui sa maîtresse doit l'inscrire comme sa servante. » – Hippolyte Taine, *Notes sur Paris*

« T'es libre ce week-end ou tu fais encore la bonniche dans ton magasin ? » – Un (ex-)ami.

19h45, j'attends mon métro à la station Châtelet, assise sur un siège. Un homme s'approche tout doucement de moi en marchant en crabe puis s'installe sur le siège le plus proche en m'épiant à la dérobée. Je soupire d'avance et commence à réfléchir au moyen de m'échapper. L'homme me susurre alors, d'une voix qu'il pense probablement chargée d'érotisme, un « bonsoiiir » mielleux.

Je sais ce que vous vous dites : je ferais mieux de me barrer illico Macias[1] sans lui accorder un regard. Mais c'est oublier que je suis algérienne et que, dans mon pays, on ne peut jamais ignorer un salut, ni même une poignée de main[2]. Je réponds en maintenant une distance et fais mine de me replonger dans mon portable. Malheureusement, il prend ma politesse méditerranéenne pour une invitation et enchaîne avec un original : « Tu fais quoi dans la vie ? »

Finalement, je me sens d'humeur taquine. Et lui réponds : « Devine. » Il prend le temps de me jauger et propose, d'une voix qui se veut sensuelle : « Hmmm... vendeuse. » Je ne me formalise pas de son manque d'imagination et hoche la tête à la négative. Il prend encore le temps de me détailler et tente : « Hmmm... serveuse. » Je me retiens d'exploser de rire mais le plus drôle reste à venir. Lassée de ce petit jeu, je lui annonce être journaliste. Je n'ai jamais vu un homme détaler aussi vite.

Si j'en crois la réaction de ce Don Juan du métro, ma profession, classée dans les catégories intellectuelles supérieures, était rebutante. Tant que j'étais, à ses yeux, « hmmm vendeuse » ou « hmmm serveuse », je restais attirante et digne de son intérêt. Pour lui comme pour d'autres, les femmes semblent toujours plus sexy lorsqu'elles sont en situation d'infériorité symbolique.

---

1 Si vous me passez cette blague niveau CP que les quelques amis qui me restent apprécient beaucoup.
2 Une expression célèbre chez nous, traduite par mes soins : « Qui ne serre pas la main tendue pue du cul. » Véridique.

Fantasmes de soubrettes et troussage de domestiques

Cette petite mésaventure me rappelle la série *Sex & the City*: dans l'un des épisodes, mon personnage favori, Miranda, avocate à la carrière brillante, constate, lors d'un speed-dating, que la plupart des hommes présents semblent indifférents, voire rebutés par son statut social élevé. Elle a alors l'idée de se présenter comme hôtesse de l'air, ce qui lui vaut l'intérêt immédiat d'un homme. Plus tard, elle se rendra compte que son amant qui, lui, se présentait comme médecin, a également menti, et qu'il travaille en fait dans un magasin de sport. Ainsi, pour être désirable, il a survalorisé son statut social, tandis que Miranda a, au contraire, diminué sa réussite.

Hôtesse de l'air, serveuse, infirmière, vendeuse... Ces emplois, traditionnellement perçus comme féminins, possèdent une charge érotique évocatrice. Les femmes qui les exercent sont souvent l'objet de fantasmes. Ce n'est pas un hasard si les déguisements de soubrette et d'infirmière sont communs dans les sex-shops, la prostitution ou le porno. Dans la série *Desperate Housewives*, le personnage de Susan Mayer décide de se lancer dans l'une des formes du commerce du sexe après des difficultés financières: elle devient cam-girl[3] pour un site érotique et se laisse filmer pendant qu'elle fait le ménage en lingerie fine. Une pratique qui se popularise (moins dénudée) sur Instagram et TikTok avec les «influenceuses ménage[4]», des femmes qui se filment

3 Femme exposant son corps sur internet de manière sexuellement explicite par le biais d'une webcam, souvent pour gagner de l'argent (source: Wiktionnaire).

4 «Ménage sous surveillance vidéo!» (radiofrance.fr).

nettoyant leur maison de fond en comble, ou avec les «tradwives» (épouses traditionnelles), qui affirment renouer avec les mœurs matrimoniales des années 50 et mettent en scène leur quotidien domestique. Une esthétique qui renforce les rapports dominants-dominés sans les questionner.

Il existe une longue histoire d'érotisation des femmes en position de domination ; la figure de la grisette en fait partie. Il s'agit, à l'origine, d'un terme peu flatteur désignant une jeune ouvrière de la confection vivant en ville de manière indépendante entre le XVIIIe et le XIXe siècle. Balzac la définit ainsi : «Sous le titre de Grisette, nous nous permettons de comprendre indifféremment couturières, modistes, fleuristes ou lingères, enfin tous ces gentils minois en cheveux, chapeaux, bonnets, tabliers à poches, et situés en magasins[5].» L'écrivain Henry Murger pose sur ces ouvrières un regard moins tendre et les décrit en ces termes : «Ces jolies filles moitié abeilles, moitié cigales, qui travaillaient en chantant toute la semaine, ne demandaient à Dieu qu'un peu de soleil le dimanche, faisaient vulgairement l'amour avec le cœur, et se jetaient quelquefois par la fenêtre[6].» Coquette et libre, dans le sens où elle n'est attachée à aucun homme, la grisette passe pour avoir les mœurs légères à une époque extrêmement corsetée. Alors qu'elle est de basse extraction et n'a que des revenus modestes, ses relations n'impliquent pourtant pas de transaction économique, ce qui ne réduit en rien son pouvoir d'attraction. Elle se distingue de la soubrette[7], qui travaille en intérieur et voit peu la lumière du jour, par son côté urbain et sa liberté

5 *Œuvres diverses*, Honoré de Balzac, Trésor de la langue française.
6 *Scènes de la vie de bohème*, Henry Murger, Flammarion.
7 Femme de chambre évoluant dans un milieu aisé.

de mouvement dans la rue. Ces deux figures féminines nourrissent pourtant tous les fantasmes de l'époque.

L'attrait des figures de femmes au service des autres vient-il justement de cette condition subalterne ? Une célèbre série de photographies de Guy Bourdin, réalisée pour l'enseigne de chaussures Charles Jourdan en 1977, alimente le trouble : on y voit une femme en petite robe noire que sa soubrette déchausse. La photo suivante renverse le rapport de domination, et c'est la domestique qui est à son tour affalée pendant que son employeuse lui retire langoureusement ses escarpins, dans une attitude de quasi-soumission. L'érotisme qui se dégage de ces photos ferait presque oublier la position de subordination qui lie une femme à l'autre. Le troussage de domestique, expression ancienne tristement remise au goût du jour par le journaliste Jean-François Kahn lors de l'affaire DSK-Nafissatou Diallo, prend alors tout son sens.

Un pouvoir symbolique surestimé

Comme pour mieux participer à la construction de leur mythologie, on accorde volontiers aux employés de service plus de pouvoir qu'ils n'en ont. Une idée reçue qui concourt parfois, paradoxalement, à augmenter leur désirabilité. Dans *Sex & the City*, l'hôtesse d'accueil new-yorkaise est un archétype à elle toute seule. Postée aux portes des boîtes de nuit et restaurants les plus courus, elle incarne, par son intransigeance et sa froideur, une féminité plus agressive. Les fantasmes qu'elle suscite sont d'un ordre différent : il s'agit, pour certains, de se soumettre à ses volontés, quand, pour d'autres, il est plutôt question de punir cette femme si dominante.

Quelle ne fut pas ma surprise de découvrir, en discutant avec de jeunes Rennais, Niçois ou Auvergnats, que la renommée de certaines physionomistes de la nuit parisienne avait dépassé les frontières de la capitale. Me décrivant l'hôtesse d'un célèbre établissement parisien, Jérôme[8] se sent obligé de me confier, avec un clin d'œil coquin, qu'il lui « rabattrait bien son caquet, à celle-là », sous l'approbation générale…

L'accueil du public est généralement une profession difficile, dans un contexte d'incivilités croissantes, ainsi que me le confirme Sarah[9], secrétaire médicale dans un grand centre de santé parisien : « Souvent, les gens deviennent désagréables lorsqu'on ne peut pas leur proposer de rendez-vous dans leurs délais. Certains patients peuvent même se montrer agressifs… Personne n'a encore subi de violence physique ici mais cela finira bien par arriver tant que les gens seront persuadés que nous avons du pouvoir, ici. Nous ne faisons qu'appliquer des consignes, pourtant. » Un ressentiment qui s'accentue du fait de la paranoïa de certains : « Les clients sont persuadés qu'on les prend de haut et qu'on les méprise si on a le malheur de ne pas sourire lorsqu'on les salue, qu'on les regarde… », me raconte Héloïse[10], vendeuse dans une enseigne de fast-fashion. Certains sketches, de qualité variable, sur lesquels je tombe en tapant le nom de l'enseigne dans mon moteur de recherche, semblent confirmer la mauvaise réputation de ses employés. « Je ne prends personne de haut ! Tout ce qu'il y a à lire dans mon regard, c'est une fatigue intense, parfois, face à la violence et l'impolitesse de certains clients », rétorque Héloïse.

8 Le prénom a été changé.
9 Le prénom a été changé.
10 Le prénom a été changé.

Bonniche tu es, bonniche tu restes

« Non mais, pour qui elle se prend, cette bonniche ? », marmonne Romain[11], excédé par ce qu'il estime être une attitude dédaigneuse de la part de la vendeuse qui lui tend ses sacs. Romain est un ancien ami, il est l'auteur de la citation en entrée de chapitre. J'ai envie de me cacher lorsqu'il emploie ce langage, et j'ai beau lui expliquer en quoi il est problématique, rien n'y fait. Je me demande s'il réagirait de la même manière face à un vendeur.

Il me semble évident que les femmes qui travaillent dans le service se voient apposer un stigmate social puissant, celui de la bonniche. Construites dans l'idée que leur valeur tient dans leur sacrifice pour les autres, elles se plient plus facilement à l'exigence de ces métiers. Elles payent pourtant le prix de leur conformité aux attentes sociétales par la violence. Objets de fantasme pour les uns, de mépris pour les autres, elles ne peuvent gagner face à une déshumanisation générale.

« C'est vrai, quoi ! Bonniche elle est, bonniche elle reste », conclut Romain.

11 Le prénom a été changé.

Chapitre 7
Conchita & Fatou : les femmes étrangères et racisées en première ligne

« Une grande percée du féminisme a été de libérer les femmes blanches d'une partie des travaux domestiques pour les faire exécuter par d'autres femmes, immigrantes comme ma mère, qui se tapait la double tâche d'être à la fois ménagère chez elle et subalterne dans des foyers huppés. Jusqu'à sa retraite, ma mère a travaillé à torcher les salles de bains des gens qui avaient des choses plus importantes ou moins dégueulasses à faire. » – Caroline Dawson, *Là où je me terre*[1]

« Je la traite de Conchita mais je l'aime bien, au final, notre femme de ménage, surtout depuis que nous avons vécu ensemble, ce qui me l'a rendue plus humaine, moins "domestique". » – Aymeric de l'Hermuzière, *Autoportraits d'un patagon*[2]

« Oh la la la la, la maisone Conchita, la café Conchita, la vaissella Conchita, el telefono Conchita, Oh la la la la,

---

1 *Là où je me terre*, Caroline Dawson, éditions du Remue-Ménage.
2 Autoédité.

Yo très fatiguée, la madame no comprende pourquoi.»
– Miguel Cordoba, *Oh ! la-la-la Conchita*

Un samedi de printemps. Après des journées entières debout et statique, mon dos me fait terriblement souffrir et je ne suis pas capable de supporter encore un week-end entier à faire le pied de grue. Il me faut consulter mon médecin afin qu'il constate ces douleurs et me prescrive des séances de kiné. Mais, pour ce faire, je dois m'absenter.

Je pourrais simplement appeler mon manager au Grand Magasin pour l'informer que je ne suis pas en état de travailler mais l'enseigne exige impérativement un arrêt maladie, même pour une journée d'absence. Il me faut donc éviter de tomber malade les samedis et dimanches, puisque mon médecin traitant n'exerce qu'en semaine.

Je me rabats sur un centre médical dans le centre de Paris. L'attente est longue car seul un médecin est disponible et j'ai le temps d'observer les patients autour de moi. Ou plutôt, les patientes : je constate qu'il n'y a que des femmes qui attendent. En étant encore plus attentive, je me rends compte que ces femmes sont, pour la plupart, racisées, noires ou maghrébines.

Dans un premier temps, je ne tire aucune conclusion mais je constate, toutes les fois où je reviens en week-end, que la population présente ne change pas : femmes de tous âges, en grande majorité racisées. J'en interroge quelques-unes, parfois. Celles qui acceptent de me répondre me disent qu'elles viennent faire soigner leur mal de dos, de pieds, leurs douleurs musculaires, osseuses… occasionnées par leurs métiers pénibles, presque toujours dans le service. Je les écoute avec attention. Puis je me rappelle pourquoi je consulte et me rends compte que je suis comme elles.

Les beurettes[3] des grands magasins

Un célèbre polémiste, connu pour ses saillies racistes, tenait ce discours à la télévision française : lorsqu'on lui expliquait qu'il était plus difficile pour les personnes racisées de trouver du travail, il répondait, sûr de son fait : « Vous rigolez, vous avez vu toutes ces beurettes *[sic]* dans les grands magasins ? » Le pire, c'est qu'il n'a pas complètement tort.

J'ai exercé une multitude de jobs variés dans ma vie et ils ont tous en commun le fait d'avoir été obtenus par cooptation. Par exemple, lors de mes années étudiantes, j'ai longtemps postulé pour un emploi de vendeuse dans une célèbre chaîne de fast-fashion, sans succès. Je n'ai pu intégrer cette entreprise que lorsqu'une amie, en quittant son poste, m'a recommandée pour le récupérer. De la même façon, je suis devenue monitrice de colonie de vacances grâce à l'intervention de ma cousine ; télévendeuse et baby-sitter par l'entremise de ma sœur, etc. Mon poste au Grand Magasin est le premier que j'obtiens simplement en postulant de façon classique, sans connaître personne sur place.

Ainsi, même les emplois les moins valorisés sont compliqués à obtenir pour les personnes racisées. Anissa[4] acquiesce : « Malgré mes diplômes, j'ai beaucoup de mal à décrocher un emploi dans ma branche.

---

3 Ce terme, que je déteste profondément pour sa connotation sexiste et raciste et l'ensemble des préjugés qu'il sous-entend, est utilisé ici uniquement à des fins documentaires.
4 Le prénom a été changé.

Alors, je suis vendeuse, le temps de trouver mieux.» Comme moi, Anissa est contrainte de travailler au Grand Magasin en espérant mieux. «Ils ne discriminent pas, eux[5]!», dit-elle en riant. Selon l'Insee, «en 2019-2020, 22% des immigrés et 20% des descendants d'immigrés estiment avoir fait l'objet d'un traitement inégalitaire en raison de leur origine, et même un tiers des personnes originaires d'Afrique hors Maghreb, contre moins d'une personne sur dix en moyenne toutes origines confondues. Les personnes originaires d'Outre-mer comptent également parmi celles qui rapportent le plus de discriminations du fait de leur origine ou de leur couleur de peau: 26% parmi les natifs d'Outre-mer et leurs enfants nés en France métropolitaine. Dans les groupes d'origine non européenne, les descendants d'immigrés déclarent plus de discriminations que les immigrés de même origine; l'écart est le plus élevé pour les descendants d'origine asiatique. Le rapport s'inverse pour les groupes d'origine européenne.»

Lorsqu'on se promène dans les allées des grands magasins, les personnes noires ou d'origine maghrébine semblent en effet surreprésentées parmi le personnel. Le constat est le même dans la plupart des magasins. Il est encore plus flagrant dans les métiers de la propreté. Avez-vous déjà pris le tout premier métro du matin à Paris, à l'heure où le personnel d'entretien ménager se rend au travail? Si ce n'est pas le cas, imaginez, à l'aurore, la rame la plus silencieuse qui soit, où chacun porte sur son visage et son corps les marques de l'épuisement et de la pénibilité. Et où personne n'est blanc.

---

5 Un propos à nuancer lorsque l'on change de catégorie professionnelle dans la même entreprise.

Conchita & Fatou

Avant toute chose, une précision: les personnes d'origine portugaise ou espagnole ne sauraient être considérées comme «racisées» dans le contexte français actuel, mais la figure de la domestique de même extraction trouve toute sa place dans ce chapitre, tant elle a fait partie pendant des décennies d'un imaginaire exotique réducteur (à l'image des fantasmes autour des femmes maghrébines et noires).

D'où vient le stéréotype de Conchita, bonne à tout faire d'origine espagnole? Comme l'explique l'auteur Bruno Tur: «Si le prénom Conchita évoque chez beaucoup de personnes un prénom féminin typiquement espagnol, il s'agit en fait d'un diminutif hypocoristique de Concepción. En l'occurrence, en Espagne, les filles ainsi nommées étaient déclarées ou baptisées sous le prénom générique, le diminutif n'étant usité que dans la vie courante. Pour les registres et l'état civil espagnols, les femmes couramment appelées Conchita se prénommaient Concepción, María Concepción ou María de la Concepción[6].» Il est intéressant de noter que le prénom utilisé pour stéréotyper les domestiques espagnoles n'est même pas un prénom *réel* dans son intégralité, mais plutôt un diminutif choisi pour ses sonorités considérées comme amusantes, voire typiquement espagnoles, avec le suffixe *-ita*[7]. D'après Bruno Tur, les prénoms les plus donnés aux petites filles dans les années 30, décennie qui correspond à l'exil français

6 «"Et viva Conchita!" Le stéréotype de la "bonne à tout faire" espagnole dans la chanson française (années 1960-1970)» (openedition.org).

7 Suffixe usité en espagnol, apportant une nuance affective ou péjorative selon les cas. Il ajoute également une dimension diminutive, de petite taille ou d'insuffisance.

d'une grande partie de la population espagnole, étaient Carmen et Maria. Mais « Carmen est un prénom trop chargé de sens pour qu'il puisse désigner autre chose que le personnage de Mérimée et de Bizet. Quant à Maria, il évoque la Vierge Marie et il ne peut désigner un personnage dont les pratiques religieuses font l'objet de moqueries[8]. » Conchita, peu usité (il n'a été donné en France que 727 fois depuis l'année 1900) devient un prénom de choix, par son préfixe *con-*[9] et sa proximité avec « Cheetah », le célèbre chimpanzé et ami de Tarzan. « Ce n'est qu'à partir des années 1960 que "Conchita" va désigner une "bonne à tout faire" ou une femme de ménage, espagnole d'abord, de toute nationalité ensuite[10] », explique Bruno Tur.

Le terme désigne donc les femmes qui font le ménage ou sont au service des autres, sans distinction raciale. Il n'est cependant pas anodin qu'il soit issu de l'imaginaire français autour des femmes espagnoles, compte tenu de l'histoire de l'immigration ibérique (considérée comme moins culturellement avancée) dans l'Hexagone, souvent en exil pour des raisons politiques, ou paupérisées et amenées, à cause de la barrière de la langue, à exercer des professions peu valorisées.

Si l'appellation perdure aujourd'hui encore, elle pourrait être remplacée par un nouveau stéréotype, celui de Fatou. Certains jugeraient ainsi acceptable de qualifier les employées noires de commerces comme la fast-fashion ou la grande distribution de *Fatou flinguées*... Heureusement peu (encore) usité, il vise à déprécier les

---

8 Op. cit.

9 Inutile de vous faire un dessin...

10 « "Et viva Conchita !" Le stéréotype de la "bonne à tout faire" espagnole dans la chanson française (années 1960-1970) » (openedition.org).

salariées de ce type d'enseignes, supposément désagréables ou fainéantes, vestiges de clichés coloniaux dont on affuble toujours les personnes d'origine africaine. Dans la continuité de Conchita, Fatou est un diminutif, celui de Fatoumata ou Fatimata, eux-mêmes dérivés du prénom arabe Fatima. On observe la même logique déshumanisante et réductrice d'un stéréotype à l'autre, qui traverse les décennies. Une pratique commune consiste à désigner sa domestique d'un prénom générique, quel que soit son véritable état civil, ainsi que le note la sociologue Alizée Delpierre: «D'autres employeuses choisissent d'appeler systématiquement leur domestique Maria ou Conchita, en référence à la figure populaire de la "bonne" immigrée espagnole ou portugaise[11].» Je ne suis pas surprise: dans mon enfance passée en partie en Côte d'Ivoire, je me souviens que les immigrés français établis dans ce pays usaient du prénom Fatou[12] comme d'un nom propre désignant leurs domestiques. Il n'était ainsi pas rare d'entendre appeler les femmes de ménage par ce terme devenu générique. «La Fatou a-t-elle fini de nourrir les enfants?» Tant pis si cette dernière s'appelle en fait Thérèse ou Amina… À titre personnel, et dans un contexte hexagonal, je l'ai entendu deux fois dans une enseigne de fast-fashion, et je l'ai relevé quelques fois sur les réseaux sociaux. Et j'espère que cela n'arrivera plus.

Une figure romantisée

En janvier 2013, les auditeurs de l'émission *Les Grandes Gueules*, diffusée sur la station de radio RMC,

11 *Servir les riches, op. cit.*

12 Et limitant leur adaptation aux réalités locales au choix de ce prénom au lieu de celui de Conchita…

pouvaient entendre à l'antenne un échange[13] révoltant entre le chroniqueur Franck Tanguy et la femme d'affaires Sophie de Menthon. Cette dernière commente la résolution financière du procès intenté par Nafissatou Diallo à Dominique Strauss-Kahn suite à une agression sexuelle commise dans le cadre de son travail de femme de chambre à l'hôtel Sofitel de New York: « Tu veux que je sois politiquement totalement incorrecte? [...] Je me demande, c'est horrible à dire, si c'est pas ce qui lui est arrivé de mieux. » Une réflexion que plussoie Franck Tanguy: « Je ne suis pas loin de penser la même chose, Sophie, je me suis fait la réflexion hier. » L'échange se poursuit car Sophie de Menthon reprend: « Moi, je pense que l'argent qu'elle a gagné, qui lui permet d'élever sa fille, elle ne l'aurait jamais eu dans toute son existence et j'espère qu'elle oubliera ce moment extrêmement désagréable [...]. Il y a des femmes dans la rue, je suis sûre qu'elles ont pensé ça, en se disant: "J'aimerais moi aussi être femme de chambre dans un hôtel et que ça m'arrive." » Et Franck Tanguy de conclure élégamment: « C'est un tromblon. Elle n'a rien pour elle. Elle ne sait pas lire, pas écrire, elle est moche comme un cul et elle gagne 1,5 million. C'est extraordinaire, cette histoire ! »

Au-delà de la violence de l'insulte, du mépris de classe et de l'absence à peu près totale d'empathie, une idée frappe: celle de la domestique qui vivrait, au fond, une belle histoire. Une somme d'argent importante transformerait en Cendrillon n'importe quelle domestique, pourvu qu'elle passe d'abord entre les mains de l'ogre. Tant pis pour l'agression, l'humiliation, mondiale dans ce cas précis, le harcèlement, la remise

13 Retranscription du site Grazia.fr: « Le dérapage de Sophie de Menthon sur Nafissatou Diallo » (grazia.fr).

en cause de son récit, l'enquête et le procès violent qui se sont ensuivis : finalement, Nafissatou Diallo a vécu une belle histoire.

Comment peut-on se sentir suffisamment à l'aise avec un tel récit pour se sentir autorisé à tenir des propos aussi problématiques à l'antenne d'une émission à grande audience ? Peut-être avons-nous été conditionnés à croire à ce type de mythe ? Les contes de fées regorgent d'histoires de servantes, de bergères, de mendiantes qui quittent leur condition subalterne grâce à l'intervention d'un homme de pouvoir. Cendrillon est la tête de file de cet archétype mais elle n'est pas seule et a ouvert la porte à de nombreuses représentations de ce type.

Les femmes racisées ou étrangères occupent dans ces fictions une place de choix, ainsi qu'on a pu le voir dans le film *Romuald & Juliette*[14] ou *Les femmes du 6e étage*[15]. Il arrive qu'on les assigne à un rôle des plus limitants : celui du *magical negro*, pendant raciste de la *manic pixie dream girl*[16]. Il s'agit d'un personnage noir[17] qui apparaît parfois de façon inexpliquée dans un film : sage et patient, il prodigue des conseils judicieux au protagoniste (généralement blanc), souvent sur un ton mystérieux. Il n'a pas d'autre utilité que de mettre en valeur le héros du film en lui offrant des possibilités de s'améliorer ou de changer son rapport aux autres[18].

---

14 *Romuald & Juliette*, de Coline Serreau, 1989.

15 *Les femmes du 6e étage*, de Philippe Le Guay, 2011.

16 Lire à ce sujet le chapitre « Tu n'es pas comme les autres filles » de mon précédent ouvrage, *Rivalité, nom féminin*, aux éditions Favre.

17 Il peut également être asiatique, moyen-oriental, autochtone d'Amérique… Mais jamais blanc.

18 On peut le croiser dans des films comme *La ligne verte* ou *La légende de Bagger Vance*, entre autres.

Les employées de service sont des personnages de choix pour camper ce stéréotype. Invisibilisées et déshumanisées, elles sont les protagonistes idéales pour incarner une création uniquement utile aux autres, qui offre sa sagesse pour améliorer le quotidien d'autrui. Dans le film *La couleur des sentiments*[19], et malgré la visibilité accordée aux actrices noires (Viola Davis et Octavia Spencer), la véritable héroïne reste Skeeter (Emma Stone), jeune journaliste blanche qui leur donne la parole, avançant ainsi à la fois dans son cheminement personnel (elle ouvre les yeux sur les conditions des domestiques noires) et sa carrière. Dans *Autant en emporte le vent*[20], le personnage de Mama (Hattie McDaniel) n'a d'existence qu'à travers le personnage de Scarlett O'Hara (Vivien Leigh) et ne semble être là que pour la rappeler à sa mauvaise conscience. Ces représentations biaisées et déshumanisantes des personnes employées dans le service pourraient-elles être en partie responsables du peu de cas que l'on fait d'elles aujourd'hui encore ?

19 *La couleur des sentiments*, de Tate Taylor, 2011.
20 *Autant en emporte le vent*, de Victor Fleming, 1939.

Partie III

Travailler sous domination

Chapitre 8
Une hiérarchie (trop) marquée

« Elle est ta manager, donc elle a raison et tu as tort. » – Entendu au Grand Magasin

« Je suis au-dessus de toi dans la hiérarchie, donc tu m'obéis. » – Entendu de la part d'une styliste-vitrines lorsque j'étais vendeuse en fast-fashion[1].

« La vraie connaissance est de connaître l'étendue de son ignorance. » – Confucius

J'ai toujours eu du mal à supporter le principe de hiérarchie. Lorsque mon ou ma manager me tutoie, je fais systématiquement de même, quel que soit son âge. Je déteste les ordres et ceux qui les donnent ; devoir rendre des comptes, obéir et m'effacer devant la volonté d'autrui. On pourrait imaginer que je suis simplement de nature rebelle, il s'agit plutôt pour moi d'indépendance. Car je suis tout aussi mal à l'aise lorsque je suis « bien placée » dans

1 Cette personne n'était pourtant en aucun cas ma supérieure hiérarchique mais s'en était convaincue à cause des quelques responsabilités dont elle était chargée (habiller les mannequins).

la hiérarchie[2] : impossible pour moi de dire quoi faire à d'autres adultes, parce que je considère qu'ils le savent. À l'instar d'une célèbre styliste, mon environnement de travail idéal pourrait être celui où je n'ai ni patron, ni employés.

Pourtant, mon expérience au Grand Magasin ne saurait en être plus éloignée, tant la hiérarchie y était marquée et le management, vertical. L'armée ne doit pas être si différente en matière de fonctionnement[3]. Comprenez-moi bien : j'entends parfaitement qu'un grand magasin soit une énorme machine dont chaque rouage doit être bien huilé, surtout lorsqu'il se trouve à Paris et se targue d'avoir une clientèle aisée et rompue aux normes internationales de plus en plus exigeantes[4]. J'accepte également qu'un bon fonctionnement implique de bons leaders. Idéalement, ils devraient cumuler trois qualités : le sens pratique et organisationnel, la rigueur et l'intelligence émotionnelle. Les deux premières vont sans dire lorsque l'on chapeaute une équipe d'humains. Ce qui nous mène à la troisième qualité : l'intelligence émotionnelle, qui s'avère bien pratique face à un client mécontent, afin de prendre la température et agir en conséquence. Elle peut aussi être utile au moment de s'adresser à un salarié de retour de deux jours de deuil afin d'éviter de lui faire cette réflexion : « C'est ta tante qui est morte ? Pour une tante, tu n'as droit qu'à un jour de congé, as-tu un justificatif pour le second que tu as pris ? »

---

2 Je dois avouer que cela ne m'est pas arrivé souvent, tant je fuis ce type de responsabilités.
3 Sans exagération aucune.
4 Avez-vous vu l'accueil dans les magasins londoniens ? Ou japonais ?

Vous me voyez venir: cette phrase m'a réellement été lâchée par une manager lorsque, dévastée, je me suis absentée deux jours d'affilée à l'annonce du décès de ma tante, dont j'étais proche, afin de rester auprès de ma mère, inconsolable d'avoir perdu sa petite sœur. Ambiance. Moins grave, j'ai entendu une manager enjoindre à un jeune vendeur d'« aller bosser chez McDo » s'il souhaitait garder ses cheveux longs: elle avait exigé qu'il les coupe, quand bien même rien dans le règlement intérieur ne l'exigeait et qu'il avait passé son entretien avec la même chevelure.

Comment en vient-on, une fois investi d'une bien maigre responsabilité, à de tels abus de pouvoir? Transforme-t-on un individu lambda en garde-chiourme grâce à un titre ronflant et insignifiant?

« Elle est ta manager, donc elle a raison et tu as tort. »

Un samedi matin au Grand Magasin, rush de clients pressés. Mon équipe a pour consigne d'en gérer deux différents à la fois, tâche à laquelle nous nous attelons tant bien que mal. Au bout d'une demi-heure, nous en venons enfin à bout et parvenons à souffler avec « seulement » un client chacun.

Surgit alors Pascale[5], manager, depuis son bureau sur la mezzanine. Nous surplombant, elle crie et nous demande pourquoi nous n'avons qu'un seul client chacun et pas deux. Tout le monde baisse la tête et je prends sur moi de lui répondre poliment que le flux de client s'est tari. L'échange qui suit est lunaire:

5 Le prénom a été changé.

« Et alors ? C'est une raison ? – Ben… oui. Il n'y a plus de clients, comment pourrait-on en prendre deux ? – Je m'en fous ! Vous prenez deux clients ! – Mais Pascale… Il n'y a plus aucun client qui attend… » Vexée par ce qui me semble d'une logique implacable, Pascale s'empourpre et me lance : « C'est ça, Racha, t'as raison, t'as raison ! » Ce à quoi je me contente de répondre : « Bah ouais, j'ai raison, Pascale. »

Quelques minutes plus tard, je suis convoquée par mon manager, Jacques[6]. Celui-ci me conseille d'aller m'excuser auprès de Pascale : « C'est ta manager, donc elle a raison et tu as tort », me dit-il sans rire. De plus, me fait-il comprendre, si je souhaite évoluer au sein de l'entreprise (comprendre : devenir manager, car c'est la seule évolution possible), je ferais mieux de me la mettre dans la poche car « elle connaît des gens haut placés dans la boîte ».

Il est vrai qu'au Grand Magasin, tout est affaire de hiérarchie : le personnel présent en semaine se considère supérieur à celui qui s'affaire le week-end, les conseillers clientèle méprisent les agents d'entretien… Ainsi, certaines vendeuses, après s'être amusées à coller des serviettes hygiéniques usagées sur les portes des toilettes afin de « les remettre à leur place[7] », se sont posé la question de savoir s'il était normal qu'elles partagent la même salle de repos…

Il serait tentant de penser qu'un environnement aussi toxique ne peut exister qu'au sein d'un grand magasin, mais il n'en est rien. Partout où l'on propose du service s'exerce une domination forte, avec une culture de la hiérarchie marquée. Derniers maillons de la chaîne, les employés de service disposent de très

---

6 Le prénom a été changé.
7 Comme mentionné dans le chapitre 4.

peu de pouvoir décisionnel, dépendant des ordres de leurs supérieurs. En ce sens, l'organisation n'est pas si éloignée de celle de la domesticité dans les grandes maisons. Un schéma absurde quand on sait les réalités du terrain et que l'on se confronte directement à la clientèle.

Pourtant, au Grand Magasin, il est frappant de constater à quel point l'on attribue aux managers des qualités qui relèvent presque de la magie, du surhumain. Ainsi, le magasin a fait ses choux gras lorsque l'un d'entre eux, épuisé par les attentes irréalistes de sa direction, s'est effondré en larmes dans les bras d'un vigile. « Un manager, ça ne pleure pas », pouvait-on entendre partout, entre autres joyeusetés déshumanisantes et virilistes. Il a démissionné quelques jours plus tard.

Gradés et dégradés

Si l'on attend autant des managers, c'est peut-être parce qu'accéder à leur position permet de s'extraire d'une autre, plus pénible. Mais aussi de pouvoir exercer à son tour une domination sur autrui. Je suis frappée par la rapidité avec laquelle certains se glissent dans leur nouveau rôle, à l'image de Lola[8], une de mes collègues, lors de sa formation officieuse[9]. Cette dernière s'était mise à utiliser envers nous un langage condescendant pour nous demander d'exécuter certaines tâches, et à porter des blazers pour avoir l'air

8 Le prénom a été changé.

9 Lola avait émis le souhait, après six mois au Grand Magasin, de devenir manager. Loin de la décourager de son projet prématuré, les responsables s'étaient alors mis, sous prétexte de la former, à se décharger de nombre de leurs tâches ingrates sur elle. Elle n'est jamais devenue manager et a fini par quitter l'établissement.

plus professionnelle et asseoir, pensait-elle, son autorité fraîchement acquise.

L'organisation est ainsi faite, que l'on doit un jour rendre compte à la personne dont on couvrait auparavant les retards et manquements. S'installe ainsi parfois une guerre de légitimité, aggravée par des attentes irréalistes en ce qui concerne les qualités morales. Comment un tel pourrait-il être manager alors qu'il parle anglais comme une vache espagnole ? Pourquoi une telle me donnerait-elle des ordres alors qu'elle n'arrive jamais à l'heure sur le terrain ? Chacun a sa propre vision du bon manager. J'ai donné la mienne plus haut mais je constate que certains ont des exigences plus élevées. « Pour moi, il doit avoir une autorité naturelle et du charisme », estime Laura[10], caissière en moyenne surface. D'autres, comme Anaïs[11], chef de rayon en hypermarché, considèrent comme indispensables « des preuves de force ». Lorsque je lui demande un exemple, elle évoque le fait de « ne pas se laisser faire, de toujours gagner les disputes *[sic]* ». Pour Anne[12], vendeuse en prêt-à-porter, il faut savoir « poser ses couilles ».

Ainsi, l'autorité que je déplore est réclamée à cor et à cri par d'autres. Je ne devrais donc pas être surprise lorsque je constate des tendances à l'abus inédites de la part de personnes nouvellement investies de missions managériales. La facilité avec laquelle on devient un kapo n'a rien de nouveau. Pour beaucoup, dans un contexte français à la hiérarchie souvent bien verticale, être le chef signifie avoir la possibilité d'écraser l'autre sans trop se poser de questions. Et bien souvent avec l'appui du reste de la hiérarchie, celle qui n'entre jamais

10 Le prénom a été changé.
11 Le prénom a été changé.
12 Le prénom a été changé.

en contact avec les plus bas échelons des employés de service et délègue le rôle de garde-chiourme aux « petits » managers.

Si les réels postes de décision sont bien plus hauts dans la hiérarchie (et bien rarement sur le terrain...), certains tendent à l'oublier, jusqu'à se faire plus royalistes que le roi. Une attitude larbiniste qui m'évoque le beau film *Les vestiges du jour*[13], dans lequel un majordome dévoué, incarné par Anthony Hopkins, refuse, au nom de sa position subalterne, d'émettre le moindre jugement quant au nazisme de son patron, bien qu'il le déplore en son for intérieur. D'autres œuvres illustrent bien cette perte de repères : dans son chef-d'œuvre *Rebecca*, l'écrivaine Daphné du Maurier brosse le portrait de l'inquiétante Mme Danvers, une gouvernante qui prend fait et cause pour son employeuse décédée et rend la vie impossible à la nouvelle maîtresse des lieux. Plus récemment, la série *Downton Abbey*, qui a dépeint avec brio les rapports de classe, a mis en lumière le sentiment de solitude de certains domestiques. Le majordome Carson y révèle considérer les Crawley, ses employeurs, comme sa famille, du fait de sa propre impossibilité à en créer une. Il ne réussit cependant pas à lier sa condition de vieux garçon à l'exigence de son métier et rudoie volontiers les valets de pied et domestiques subalternes, prenant fait et cause pour ses maîtres jusqu'au ridicule. Un comportement que l'on rencontre encore un peu trop souvent dans la réalité.

13 *Les vestiges du jour*, James Ivory, 1993.

Chapitre 9
« Demandez-moi l'autorisation de faire pipi » ou l'infantilisation à son paroxysme

« Le pouvoir ridicule qu'ont les deux connards de chefs d'équipe du rayon liquides leur permet d'évacuer leur frustration et leur colère d'être considérés comme des petites merdes par tous les autres en haut, dans les bureaux. Ils font vivre aux autres ce qu'eux-mêmes vivent. » – Äke Anställning, *Le travailleur de l'extrême*[1]

« Aller aux toilettes ? Non, tu y es déjà allée il y a une heure. » – Propos tenus par une manager au Grand Magasin

Après ces quelques pages en ma compagnie, vous avez une certaine idée de mon mode de fonctionnement : l'infantilisation, c'est non. Évoluer dans les métiers du service est donc pour moi une certaine idée de l'enfer, tant les employés peuvent y être

1 *Le travailleur de l'extrême*, Äke Anställning, éditions Ici-Bas.

traités comme des élèves de maternelle[2]. La prétendue sous-qualification semble être en effet suffisante pour considérer les salariés du service comme des idiots et les priver de toute initiative, parfois jusqu'à l'inique.

Il est difficile d'imaginer que des personnes puissent, dans l'exercice de leur travail, être obligées à des pratiques confinant à l'absurde, en total décalage avec les exigences de leur fiche de poste ou les réalités du terrain. Pourtant, de nombreux témoignages (incluant le mien) existent, pour qui veut bien les entendre, mais aussi s'en indigner. À part quelques syndicats, qui proteste, s'indigne ou agit, au-delà de vagues condamnations sur les réseaux sociaux?

Si certains faits divers illustrant le traitement dégradant parfois réservé aux employés de service parviennent à l'oreille des «civils» (du nom que nous donnions aux clients auxquels la vie avait visiblement épargné d'exercer, même momentanément, ces métiers ingrats), beaucoup de pratiques discutables leur échappent encore. Dans les coulisses se jouent parfois des actes tragicomiques, entre infantilisation ou humiliation. Le travail n'est pas toujours gage de dignité.

To pee or not to pee...

Jamais à court d'idées contestables, les managers du Grand Magasin ont décidé, un jour, alors que rien n'indiquait de dysfonctionnement ou d'inefficacité du service, de mettre en place une nouvelle politique: désormais, si nous souhaitions aller aux toilettes, il faudrait leur en demander l'autorisation au préalable.

---

2 Et je trouve le traitement des enfants souvent inacceptable, mais c'est un autre sujet.

Et s'ils n'étaient pas dans les alentours pour donner leur aval, nous devions leur passer un coup de téléphone. Aucune résistance de la part de mon équipe. Ainsi, des mères de famille de 50 ans se sont mises à docilement téléphoner à leurs managers de 25 ans pour avoir le droit d'aller se soulager.

Leur docilité m'interroge: auraient-elles accepté de porter des couches ou d'uriner dans des bouteilles pour ne pas entraver le bon fonctionnement du service? Sous d'autres latitudes, c'est déjà le cas. Ainsi, aux États-Unis, Amazon contraint de nombreux employés à uriner dans des bouteilles, faute de pauses ou de toilettes disponibles[3]. Régulièrement épinglée pour ce type de manquements, l'entreprise-empire de Jeff Bezos n'est pas en reste en France: en 2018, un rapport d'expertise du cabinet Syndex, spécialisé en CSE et SSCT[4], lance l'alerte et «souligne un climat de tension sur le site de Montélimar, et des rapports souvent envenimés entre salariés et managers. Ainsi, 79% des répondants estiment que "tout le monde n'est pas traité de manière juste". La surveillance constante des managers est pointée du doigt: sont cités des "attitudes et propos inappropriés", des "interdictions de parler" et un "contrôle des interruptions pour aller aux toilettes".»

Des conditions de travail extrêmement problématiques, mais plutôt paradisiaques, si on les compare à celles de l'industrie de la volaille américaine: selon une étude de l'ONG Oxfam, menée en Alabama,

3 «Empêtré dans un "pause-pipi gate", Amazon présente des excuses» (lefigaro.fr).

4 Le CSE, ou Comité Social et Économique, est une instance de représentation des salariés. La SSCT est une formation en santé, sécurité et conditions de travail.

près de 80% des ouvriers ne sont pas autorisés à aller aux toilettes lorsqu'ils en expriment le besoin. Dans le Minnesota, 86% d'entre eux chiffrent leurs pause-pipi à… moins de deux par semaine. La solution miracle? Des couches. Selon l'ONG britannique, «"la grande majorité" des 250000 ouvriers du secteur avicole américain "dit ne pas bénéficier de pauses-toilettes adéquates", en "claire violation des lois américaines de sécurité au travail". Ils "luttent pour s'adapter à ce déni d'un besoin humain de base. Ils urinent et défèquent debout face à la ligne d'assemblage, portent des couches au travail, réduisent leurs prises de liquides et fluides à des niveaux dangereux" et risquent "de graves problèmes de santé"[5].»

Lorsque j'évoque cette situation avec Léa[6], manager dans un grand groupe de luxe français, et lui montre une coupure de presse l'évoquant, elle est interpellée par l'extrait suivant: «Les ouvriers, régulièrement, voient leurs demandes de pauses-pipi ignorées par leurs supérieurs qui leur répondent avec des moqueries ou menaces de sanctions, voire de renvoi[7].» «Je ne suis pas étonnée», m'explique-t-elle avant de m'évoquer une anecdote professionnelle: «Une des vendeuses de mon équipe souffrait d'une maladie chronique grave, qui la contraignait à prendre des médicaments à heures précises, pendant son repas. Elle était fiable, professionnelle, aimable, ponctuelle, c'était assez absurde de lui refuser un quelconque aménagement, surtout pour des raisons médicales. Pourtant, les autres managers estimaient qu'on ne

5 «Quand des salariés portent des couches pour éviter les pauses-toilettes» (capital.fr).
6 Le prénom a été changé.
7 *Op. cit.*

devait pas accéder à ses demandes pour "lui montrer qui commande". Ainsi, ils ont fait en sorte que son heure de pause change systématiquement, afin de l'empêcher de créer une routine. La fois où elle s'est hasardée à prendre son médicament hors prise alimentaire, elle a subi des diarrhées et des douleurs atroces toute l'après-midi. Évidemment, elle a été réprimandée à chaque fois qu'elle s'est précipitée aux toilettes... »

Face à ce type d'information, difficile de ne pas établir de liens entre les situations française et américaine : les salariés qui portent des couches sont-ils la résultante d'une trop grande docilité face aux exigences managériales ? Mes anciens collègues finiraient-ils par accepter de porter des couches si on leur expliquait que seul comptait leur rendement pour assurer la survie de l'entreprise ? En les menaçant de licenciement ?

Humiliation de toutes les façons

Il existe malheureusement une infinité de façons d'humilier les salariés, et elles ne se limitent pas à les empêcher d'assouvir les besoins les plus primaires[8]. La première, si l'on prend le temps d'y penser, réside dans la position de faiblesse des uns, contraints à offrir leur force de travail, leur temps sur Terre, leurs meilleures années, pour avoir le droit d'appartenir à la société, le droit d'avoir un toit, de se nourrir, se chauffer, se soigner... Plus j'y pense, plus il me semble d'une violente absurdité de conditionner ces besoins vitaux humains

8 Lire à ce sujet l'édifiant *Le réveil sonne : première humiliation de la journée, 144 raisons d'abolir le travail salarié*, Collectif, éditions L'Insomniaque.

à un échange commercial[9]. Mon réveil n'est jamais aussi difficile que lorsque je dois me lever pour servir les autres et les aider dans leur ultra-consommation. Et, paradoxalement, je ne suis jamais aussi naturellement matinale que lorsque mon temps m'appartient.

Quand on s'écarte de ces considérations philosophiques pour revenir au pragmatisme, on ne peut s'empêcher de repenser aux salariés contraints à porter des couches pendant leurs heures de travail. Quoi de plus humiliant qu'un retour à l'incontinence, à l'âge de notre plus grande vulnérabilité? Si les humiliations que j'ai subies ne sont (fort heureusement) pas d'ordre scatologique, elles n'en sont pas moins réelles. Parmi elles, je garde le souvenir cuisant d'une participation non désirée à une vidéo promotionnelle pour le Grand Magasin. Nos managers nous avaient annoncé, le matin même, son tournage dans un espace dédié à cet effet, mais visible par les clients. Bien décidée à ne pas y participer, j'avais répondu par la négative à la proposition, avant de me rendre compte que ma présence n'était pas négociable. Le scénario de la vidéo était inexistant: sur l'atroce musique du pire DJ français, nous devions exécuter une petite chorégraphie face caméra en agitant ballons et guirlandes. Consternée par la coopération de la plupart de mes collègues, j'ai pourtant joué le jeu… le visage caché derrière un énorme ballon que j'agitais frénétiquement de gauche à droite pour donner l'illusion d'une participation active. Tout en pensant: « Plus jamais. » Fort heureusement, cette vidéo

9 Certains s'y sont penchés plus longuement et proposent des solutions alternatives, comme la suppression définitive de certains métiers peu utiles, leur remplacement éventuel par des robots et l'instauration d'un revenu universel. D'autres envisagent, de façon argumentée et réalisable, également la gratuité du logement, des transports…

n'était pas destinée à une diffusion externe au magasin mais il arrive que d'autres projets du même acabit se retrouvent sur les réseaux sociaux, à l'image d'un « défi » lancé aux salariés pour Noël, invités à se déhancher sur *All I want for Christmas is you* de Mariah Carey[10]. Les différents services s'affrontaient en effet pour gagner un dîner au restaurant offert par le Grand Magasin.

Comment protester contre les exigences managériales, lorsqu'on est « invité » à effectuer des tâches qui ne figurent pas sur la fiche de poste ? Celles-ci ne sont censées se faire que sur la base du volontariat mais il est difficile de refuser les demandes du même manager qui valide (ou non) les dates des vacances, qui planifie les horaires... Il peut également être compliqué d'être en porte-à-faux avec ses collègues, qui interprètent souvent comme de l'arrogance le refus de « faire comme tout le monde ».

D'autres enseignes ne sont pas en reste, à l'image du magasin de sport de Saint-Dizier, en Haute-Marne, auteur du « pire *lipdub* de l'année », une grosse tendance dans les années 2010[11] : 3 minutes 22 douloureuses, dans lesquelles des salariés visiblement mal à l'aise[12] entonnent une réinterprétation hasardeuse du titre *Call me maybe* de Carly Rae Jepsen. Une enseigne de bricolage pour sa part, choisit de célébrer son magasin d'Ollioules, dans le Var, avec un haka, dans un festival d'appropriation culturelle et de malaise général[13].

10 Inutile d'aller chercher les vidéos, le compte créé pour leur diffusion a (heureusement) été supprimé.

11 Tendance qui a fait les beaux jours de la chaîne de vidéos Malaise TV.

12 Et visiblement pas chanteurs.

13 Le haka très gênant de ces employés de Castorama – YouTube.

Une initiative imitée par un magasin d'ameublement de Bayonne, sous les yeux du public. Une ambiance martiale qui illustre bien la réalité des emplois de service : c'est la guerre.

Chapitre 10
Quand le flicage devient dangereux

« *Le premier détail qui, dans la journée, rend la servitude sensible, c'est la pendule de pointage.* » – Simone Weil, *La condition ouvrière*[1]

Il m'est assez difficile de faire comprendre aux personnes qui vont et viennent à leurs lieux de travail dans une liberté relative l'effroi qu'exerce sur moi un appareil banal et néanmoins terrifiant: la pointeuse. Sans doute le plus redoutable superpouvoir des managers et de la direction. Au départ, je la voyais plutôt comme une alliée: naïve, j'ai gobé les boniments de certains supérieurs qui me faisaient croire qu'elle me protégeait. Si, pour une raison ou une autre, je ne réussis pas à quitter mon poste à l'horaire prévu, la pointeuse me permet en effet d'être payée en heures supplémentaires, ce qui est loin d'être le cas lorsqu'on exerce un emploi de bureau[2].

---

1 *La condition ouvrière et autres textes*, Simone Weil, Petite Biblio Payot Classiques.

2 Pour rappel, dans certains emplois, notamment journalistiques, mon contrat indiquait 39 heures de travail, quand, dans les faits, j'en faisais plutôt 50 ou 60… sans modification de ma fiche de paye. Un travail gratuit qu'une pointeuse m'aurait peut-être épargné.

Pourtant, au-delà du respect de la durée du travail, quelque chose cloche. À la longue, je me rends compte que la pointeuse exerce sur moi une forme de domination. Celle du Grand Magasin me nargue : j'ai beau savoir qu'il existe une tolérance d'environ 15 minutes, si l'on est en mesure de présenter un justificatif[3], elle fait exploser mon stress. Si le métro s'arrête quelques minutes entre les stations, mon pied s'agite tout seul, car je ne sais pas si le retard sera suffisamment long pour que la RATP reconnaisse qu'il constitue un préjudice et accepte de délivrer une attestation pour mon employeur. Or, je suis à la minute près. Il m'est arrivé d'être convoquée par les RH[4] pour trois minutes de retard, cumulées sur quatre mois[5]... Si je pointe pile à l'heure prévue, ma manager considère que je suis en retard car, selon elle, je suis censée être à mon poste à cet horaire-là[6].

L'utilisation de la pointeuse sans intelligence humaine de la part des managers me stresse énormément et me transforme en montre sur pattes, sans cœur, ni âme. Toute place à l'imprévu est niée, je dois me protéger en préparant mon discours de

---

3 Lorsque les métros subissent une avarie quelconque occasionnant un retard, on peut obtenir une attestation aux guichets de la RATP. Il arrive cependant que celle-ci soit refusée sans raison, si l'employé est tatillon.

4 Ressources Humaines. Pas toujours bien nommées.

5 J'ai un jour pointé à 10h01 et, un autre, à 10h02 au lieu de 10h...

6 Ce qui est faux, puisque nous sommes censés passer par le vestiaire d'abord (éloigné de nos postes de travail), afin de nous défaire de nos affaires personnelles, sacs à main... interdits sur le terrain. Or, nous ne sommes pas payés dès le moment où nous pointons mais bien à l'horaire prévu sur notre contrat (sous réserve de pointage à l'heure). Cette manager considérait comme normal que nous arrivions 20 minutes avant nos shifts, sans rémunération conséquente, ni sécurité (car nous n'aurions pas été couverts par les assurances en cas d'accident).

justification, quand bien même je prends toutes les précautions nécessaires pour être toujours à l'heure. La pointeuse me déshumanise.

L'erreur n'est pas humaine

Un matin, Anaïs[7], ma manager, avec laquelle mes relations sont cordiales, m'accueille avec une nouvelle désagréable: je suis convoquée aux ressources humaines. Le motif? Je suis en retard tous les jours, d'environ un quart d'heure. C'est impossible, car je sais que je pointe chaque jour au moins cinq minutes avant l'horaire prévu pour mon shift. Pourtant, Anaïs n'en démord pas: bien qu'elle n'ait pas «l'impression» que je sois une retardataire, «la machine ne ment pas».

Afin de tirer les choses au clair, je décide de me rendre «au pointage»: il s'agit du service dans lequel cinq ou six personnes éditent les badges, gèrent l'intégration des nouvelles recrues et s'assurent de la cohérence entre les horaires des employés et leur passage quotidien à la pointeuse. Si l'on veut survivre dans l'environnement du Grand Magasin, il vaut mieux se les mettre dans la poche. Mon alliée sur place, Tania[8], épluche tous mes pointages et m'annonce, la mine déconfite: «Quinze minutes de retard par jour, t'abuses un peu, quand même...» Je demande à jeter un œil à son écran et comprends immédiatement le problème: les horaires affichés ne sont pas les miens. Quelque temps auparavant, j'ai quitté un service où je commençais à 10h30 pour terminer ma journée à 20h30. Ma nouvelle amplitude horaire est la suivante: 10h45-20h45.

---

7 Le prénom a été changé.
8 Le prénom a été changé.

Mais elle n'a pas été prise en compte et, bien que je sois chaque jour parfaitement à l'heure au regard de mon nouveau planning, la pointeuse ne tient compte que de l'ancien. Et me pénalise en conséquence.

Une fois informée de cette anomalie, Anaïs prend les mesures qui s'imposent, mon rendez-vous aux ressources humaines est annulé et tout rentre dans l'ordre. Mais le trouble est là : aucun de mes collègues, pourtant portés sur les commérages et la surveillance mutuelle, ne pouvait attester de ma présence à l'ouverture chaque matin, quand bien même nous avons l'habitude d'échanger, de partager un café... Je reste perplexe quant à l'inefficacité de ma parole face à celle de la machine. Que se passe-t-il si l'on n'entretient pas de bonnes relations avec ses responsables ? Si l'on n'a pas d'amis au service pointage ?

Loin d'être une exception, la surveillance des salariés via la technologie gagne du terrain. Ainsi se développent de plus en plus de logiciels espions, destinés à traquer les moindres faits et gestes des salariés. *Mediapart* révèle, dans une enquête fouillée[9], des pratiques toujours plus inquisitrices : on y découvre que des agences de placement d'hôtesses d'accueil utilisent des applications pour surveiller la mise de leurs salariées. Chaque jour, en arrivant sur leur site dévolu, les hôtesses sont tenues de prendre un selfie afin de voir leur apparence inspectée : « *Pour vous aider dans ce challenge quotidien, nous avons conçu une application, Pénélope Selfie, à télécharger sur votre téléphone*, lit-on dans un document de présentation du logiciel remis aux salariées. *Cela vous permettra de réaliser chaque jour une photo de vous*

9 Travailler, être surveillé | *Mediapart.*

qui montrera votre coiffure, votre bonne mine, votre tenue et vos chaussures. » Un cliché que les salariées doivent prendre, précise le flyer, « *dès que possible* » après leur arrivée sur site[10]. L'entreprise envisagerait également d'exiger de ses salariées d'appeler un service téléphonique au moment où elles quittent leur domicile pour se rendre sur leur lieu de travail, au lieu de le faire dès qu'elles y arrivent. Une velléité qui inquiète les syndicats : « *Les filles du secteur subissent déjà une pression folle,* indique Charlène Gourdin, secrétaire fédérale du syndicat [Sud-Solidaires], qui suit de près le dossier. *J'ai vu des hôtesses licenciées car leur étole était mal mise. Ces technologies, c'est une étape de plus. Les salariées le vivent comme une intrusion dans leur vie privée. Si on doit déposer des gens à l'école avant d'aller travailler, aller acheter un paquet de cigarettes sur la route, la société peut être au courant*[11]. »

Jamais à court de bonnes idées, le capitalisme est à l'affût de la moindre technologie permettant de fliquer les salariés jusqu'à l'absurde. Pointeuses mobiles, bracelets connectés, caméras... Un phénomène qui ne date pas d'hier, puisque l'on use déjà depuis un moment de la vidéosurveillance pour garder un œil sur les employés, ainsi que l'affirment, entre autres, les vigiles de la Fondation Louis Vuitton. Au moindre mouvement non réglementaire (croiser les bras, s'adosser furtivement, parler à un collègue...), ces derniers se voient réprimander et considèrent qu'ils sont épiés par les multiples caméras de surveillance. Les images auraient même été utilisées à des fins de

---

10 Au travail, quand la technologie devient contremaître | *Mediapart*.
11 *Op. cit.*

sanction allant jusqu'au licenciement. Des accusations balayées par la fondation[12].

Pourtant, ce type d'histoire n'est pas anodin, comme me le raconte Sophie[13], hôtesse d'accueil en entreprise. Habituée à l'intérim, elle enchaîne les missions dans des entreprises de tailles diverses et se sent régulièrement épiée. « Lors d'une de mes missions, je recevais ponctuellement des appels me rappelant à l'ordre, même pendant ma pause : je n'avais pas le droit de manger dans l'espace cafétéria – quand bien même la plupart des employés réguliers le faisaient –, je devais me redresser car j'étais trop voûtée, ma pause WC avait duré plus de 5 minutes... Ça ne s'arrêtait jamais. » Un pistage qui l'épuise moralement : « Désormais, je refuse les contrats dans de grosses entreprises car je suis beaucoup stressée en amont. Je préfère de loin les structures plus modestes qui laissent place à l'autonomie et au bon sens des salariés. »

Vers une automatisation du management

Après avoir utilisé la technologie pour surveiller ses salariés, les entreprises ne pouvaient pas s'arrêter en chemin : pourquoi, en attendant de pouvoir remplacer chaque être humain par un robot qu'elles n'auraient pas à payer et auquel le droit du travail le plus basique ne s'appliquerait pas, ne pas commencer par remplacer les managers par des machines ?

Loin d'être dystopique, cette solution a déjà cours dans certains métiers, comme celui de téléconseiller

---

12 Fondation Louis Vuitton : les vigiles racontent l'enfer du décor | *Mediapart*.

13 Le prénom a été changé.

ou télévendeur. « Vous avez tout le bas de l'écran qui est utilisé par les pop-ups. Des petits encarts qui remontent en bas de votre écran : "t'es à 3,56 appels de l'heure", alors qu'il en fallait neuf, donc on était bien en dessous [...]. Faut faire X contrats auto, X contrats habitation, X contrats garantie-accident... Et ils vous surveillent quand vous êtes en pause, pour que vous ne dépassiez pas le temps imparti. Ils surveillent votre temps de retrait...[14] », raconte Marilyne, 53 ans, téléconseillère pour une mutuelle française, au micro de l'émission « Les Pieds sur terre ». Son témoignage ne m'étonne pas car j'ai connu une expérience similaire lorsque j'étais étudiante. Télévendeuse pour un grand groupe de presse, j'avais pour mission de contacter d'anciens abonnés d'une revue hebdomadaire afin de leur proposer des réductions sur leur prochain abonnement éventuel. Un logiciel m'informait en temps réel de ma position dans le classement des vendeurs, des réalisations de mes collègues, à coups de pop-ups intempestifs. Je recevais également des encouragements à me dépasser et me classer première, ce qui m'est arrivé à plusieurs reprises[15]. Aucun manager n'avait besoin d'être mon cheerleader, le logiciel s'en chargeait.

Plus inquiétant, Amazon, jamais en reste lorsqu'il s'agit d'immoralité, fait appel à un robot de son cru afin de s'assurer de l'efficacité de ses employés. Pire, le géant du commerce en ligne utilise les données récoltées pour licencier les salariés dont la cadence est trop basse : « *The Verge*, qui révèle l'information, a eu

14 « Les Pieds sur terre », *France Culture*, 27 juin 2023.

15 Le meilleur vendeur du plateau était originaire du sud de la France et en affichait l'accent chantant. Nous en avions conclu que sa réussite n'y était pas étrangère et avions, avec deux de mes collègues, décidé de feindre un accent marseillais hasardeux. Nos ventes sont alors montées en flèche.

accès à une lettre signée en 2018 d'un avocat représentant l'entreprise de Jeff Bezos, qui relate comment l'entreprise a licencié des centaines d'employés d'un entrepôt à Baltimore aux États-Unis entre août 2017 et septembre 2018 pour ne pas avoir atteint les taux de productivité fixés par la direction. Un porte-parole de la compagnie a confirmé au site américain qu'au cours de cette période, environ 300 associés à temps plein ont été congédiés pour "inefficacité"[16]. »

L'inhumanité d'un système inflexible, excluant toute considération extérieure à son algorithme brutal : le futur des métiers de service ? Peut-être est-ce déjà leur présent : en Espagne, une employée de 56 ans, victime d'une crise cardiaque sur son lieu de travail, un centre d'appels, est restée au sol plusieurs heures avant d'être évacuée. Ses collègues, eux, ont été contraints à continuer leur tâche à proximité de son cadavre[17].

---

16 « Comment Amazon traque ses employés pour mieux les licencier » (01net.com).

17 En Espagne, une employée meurt dans un centre d'appels, ses collègues continuent de travailler à côté de son cadavre – ladepeche.fr.

Partie IV

Travailler dans le danger

Chapitre 11
L'épuisement n'est pas l'apanage des cadres

« Ils pensent que ça va me faire chier mais en fait pas du tout. Faire ça ou autre chose, tout me fait chier de toute façon. » – Äke Anställning, *Le travailleur de l'extrême*[1]

« C'est ce que l'on appelle en psychologie du travail la "qualité empêchée" : on vous retire les moyens et autorisations nécessaires pour pouvoir accomplir vos tâches dans les règles de l'art et selon les bornes éthiques que vous vous êtes données. Nous évoquions précédemment le démarchage téléphonique […]. Derrière ce formidable emmerdement dans nos vies quotidiennes se cachent des dizaines de milliers de travailleuses et travailleurs qui sont soumis à un job complètement déshumanisant, dans des entreprises complètement oppressives. » – Nicolas Framont, *Parasites*[2]

Mars 2020. Confinée chez moi, comme le reste du monde, je savoure le bonheur d'être loin du Grand

1 *Le travailleur de l'extrême*, Äke Anställning, éditions Ici-Bas.
2 *Parasites*, Nicolas Framont, éditions Les Liens qui Libèrent.

Magasin. Les mois précédant ma délivrance ont été éprouvants, puisque j'ai subi un harcèlement intense de la part d'une manager[3]. Mais dans le confort de mon petit appartement du XIIIe arrondissement, mon stress redescend, je réduis ma pile de livres à lire, je discute cinéma avec mon copain, j'expérimente en cuisine, je regarde pousser les fleurs. Toutes ces activités me sont possibles car je conserve mon salaire, ce qui me permet d'aborder le confinement avec sérénité[4]. Et je me sens chanceuse.

Cette liberté nouvelle m'apporte beaucoup, bien plus que je ne l'aurais espéré. Depuis toute jeune, j'ai toujours nourri l'ambition d'écrire un livre, et j'espérais, en travaillant à mi-temps, pouvoir enfin en trouver la ressource. Pourtant, en rentrant chez moi chaque soir, il ne me restait que la force de dîner devant une série avant de lire laborieusement quelques pages au lit, incapable de me concentrer. Peine perdue, je m'endormais rapidement, dans une forme de fuite. Et chaque réveil était une torture. À y repenser, je suis peut-être passée par une dépression sans l'identifier.

Désormais, mes pensées s'éloignent du Grand Magasin et les conversations WhatsApp avec mon équipe s'étiolent. Petit à petit, l'espace mental dont j'ai tant besoin pour créer s'agrandit et les possibilités d'écriture ne me semblent plus ni lointaines, ni absurdes. J'ai enfin l'impression que mes réflexions

---

3 Voir chapitre 12: « Harcèlement à tous les étages ».

4 Je ne souhaite pas non plus présenter le confinement sous un jour romantique car j'ai bien conscience des difficultés rencontrées par beaucoup (perte d'emploi, contamination au Covid-19, complications, décès...). En revanche, je suis reconnaissante de n'avoir pas subi, à ce moment-là, la précarité (même si mon salaire a été amputé d'environ 300 euros), la solitude, la maladie.

m'appartiennent et leur liberté nouvelle les aide à se déployer plus loin que je ne l'aurais jamais imaginé. Prendre conscience du changement qui a commencé si rapidement en moi me trouble : que m'ont-ils fait ?

« Vous allez devoir en faire toujours plus »

Au Grand Magasin, une réunion impromptue du personnel n'augure jamais rien de bon, aussi rejoignons-nous nos managers avec appréhension. Eux affichent un sourire radieux qui nous pousse encore plus à la méfiance. L'objet de leur annonce a de quoi nous interroger : bientôt, une grande partie de notre travail sera automatisée. Le discours se veut rassurant : non, personne ne sera licencié ni ne verra ses horaires diminués. Pourtant, la réunion finie, l'un des managers, mi-riant, mi-menaçant, nous laisse entendre que nous allons désormais devoir en faire plus pour « mériter » notre place. L'équipe rit jaune puis se remet à la besogne. Les jours qui suivent, les petits échanges qui ponctuent parfois notre travail et rendent la journée supportable ont disparu.

Aussi loin que je me souvienne, et dans chacun des emplois de service que j'ai exercés, il m'a toujours été demandé d'en faire plus. Dès mes 16 ans, lorsque j'étais baby-sitter, les parents des enfants que je gardais attendaient de moi, en plus de laver et nourrir leurs rejetons, de constamment leur parler, leur proposer des activités éducatives, leur apprendre les bonnes manières, leur faire découvrir de nouveaux aliments… Bref, de faire leur éducation. Moi qui pensais naïvement que mon job consistait simplement à amener les enfants d'un point A à un point B et à assurer leur sécurité en attendant que leurs parents gèrent les tâches éducatives qui leur incombent[5]...

Les exigences vont ainsi croissant dans les métiers de service, alors que les salaires stagnent dans un contexte d'inflation galopante. Caissière dans une moyenne surface franchisée, Nadège[6] me raconte : « Il y a quelques années, lorsque je suis arrivée, mon seul job était de gérer ma caisse. Aujourd'hui, il faut aussi faire du service client et il est de plus en plus fréquent qu'on me demande de participer au nettoyage du magasin, parce que mon patron ne souhaite plus payer de prestataires pour le faire. Je ne peux jamais rentrer chez moi à l'heure prévue. Mes tâches augmentent graduellement et ma fiche de paie affiche toujours le même chiffre depuis des années. » À 55 ans, la caissière craint de ne pas pouvoir rebondir, si elle faisait le choix de quitter son emploi. « Je ne suis pas sûre que ce soit mieux ailleurs, de toute façon », ajoute-t-elle.

La fatigue de Nadège est partagée par la plupart des employés de la grande distribution. Fin 2021, une enquête a été menée au sujet de la qualité de vie au travail et la santé des salariés dans les enseignes Leclerc du Finistère. Le constat est accablant : « Un salarié sur deux ne se sent pas épanoui dans son entreprise. 66 % s'estiment épuisés physiquement et 60 % épuisés moralement. Signe révélateur d'une intensification du travail, 77 % déclarent que la charge de travail a augmenté depuis leur entrée dans l'entreprise, et 64 % travaillent plus d'heures que prévues[7]. » Ils sont également 76 % à

---

5 Il existe des professionnel·le·s dont le métier est effectivement d'éduquer des enfants à la place de leurs parents. Mais leur salaire n'est pas de 7 euros de l'heure.

6 Le prénom a été changé.

7 Une enquête syndicale pointe l'épuisement des salariés des magasins Leclerc – *Syndicalisme Hebdo* | CFDT.

considérer leur rémunération en dessous de leur valeur. En 2021, le groupe Carrefour proposait à ses employés 0,5 % d'augmentation, l'équivalent de 20 centimes par jour pour un salaire de 1200 euros[8].

Lorsque la pression à faire toujours plus ne vient pas du patronat, elle vient… des clients. Ainsi, de nombreux commerçants doivent se justifier au moment de partir en vacances, leurs habitués ne pouvant apparemment pas se passer de leurs services. Géraldine Huet, boulangère à Secondigny, dans le département des Deux-Sèvres, s'exprime dans le journal *Ouest-France*, après avoir lu le message de récrimination d'un client dans les pages du quotidien, indigné de ne pouvoir acheter sa baguette dans sa boulangerie habituelle au mois d'août, et dresse la liste des différents commerces ouverts pendant la période estivale avant de conclure: « Je pense avant tout au bien-être de mes salariés et un petit peu à nous aussi qui avons bien besoin de vacances […]. Nous travaillons d'arrache-pied toute la semaine et tous les week-ends sans exception. Nous aussi, nous avons une vie de famille[9]. »

Les métiers du service, exclus de la conversation autour des conditions de travail

« Toujours plus » pourrait aussi être la devise du Conseil d'Île-de-France Mobilités: après avoir augmenté l'abonnement mensuel Navigo à 84,10 euros en 2023

8 « À Quimper, les salariés de Carrefour manifestent leur "ras-le-bol" » (letelegramme.fr).
9 https://www.ouest-france.fr/nouvelle-aquitaine/secondigny-79130/pres-de-parthenay-le-coup-de-colere-de-la-boulangere-de-secondigny-a419a12e-2446-11ed-b87a-5a37cb5b8d3c.

(contre 75,20 euros avant), IDFM préparerait un pass à 120 euros[10]. Sur les réseaux, la contre-attaque s'organise… ou pas. Florilège de commentaires : « Bah go télétravail, hein », « ils vont avoir du mal à nous refuser le télétravail, là ! », « le freelance, c'est la vie, les amis ! »… Certes. Mais qu'en est-il des personnes pour lesquelles le télétravail est impossible ? Le personnel hospitalier ? Les conseillers de vente ? Les caissières ? Les serveurs ?

De nombreux médias évoquaient dès 2021 le coût toujours plus élevé pour les travailleurs, dans un contexte d'inflation général, du retour « au bureau[11] ». Explosion du prix de l'essence, augmentation du coût des transports en commun… Il devient même compliqué de déjeuner quotidiennement à prix décent à proximité d'un centre d'affaires[12].

Plus jeune, je lisais parfois les conseils dispensés dans la presse féminine et destinés à faciliter la vie aux femmes trop occupées. Ainsi, à celles qui n'avaient pas le temps de faire du sport, on proposait des exercices à pratiquer sans quitter son bureau, ou de profiter de la pause déjeuner pour aller à la piscine. De quoi faire sourire n'importe quel employé de service, aux pauses souvent aléatoires et décidées par les managers. De la même manière, les actuels débats autour du travail hybride ou du nomadisme numérique ne les concernent pas. Qui se soucie de leur bien-être, à part quelques syndicats ?

En 2022, une vidéo TikTok devenait virale : on y voyait une employée d'une chaîne de café américaine y

---

10 « Transports : vers "un passe Navigo à 120 euros" en 2024 ? » (francetvinfo.fr).

11 The sky-high cost of returning to the office | *BBC Worklife.*

12 Un verre de jus d'orange à 7 euros dans le secteur de La Défense, vous pensiez ça possible ?

confectionner une boisson. En légende, cette réflexion sarcastique : « *Watch me make a grown adult their 6 am milkshake*[13]. » N'importe quel employé de service aurait compris l'absurdité de la situation et la nécessité d'en rire. Pourtant, les retours sont exécrables et nombreux accusent l'employée d'être condescendante, oubliant au passage qu'elle n'est pas en position de force. La chaîne américaine aurait, depuis, congédié sa salariée[14]. Une anecdote qui démontre, s'il le fallait encore, que certains considèrent leur confort personnel plus important que la vie des employés de service.

---

13 « Regardez-moi faire à un adulte son milk-shake de 6 heures du matin. »

14 Starbucks Barista's Video About Making a '6am Milkshake' Sparks Debate (today.com).

Chapitre 12
Harcèlement à tous les étages

« Les deux chefs sont de véritables enfoirés. Il y a du mépris dans leurs yeux. Ils ne te parlent pas. Ils crient. Ils nous détestent pour des raisons infectes. » – Äke Anställning, *Le travailleur de l'extrême*

Je dois vous l'avouer : il m'est arrivé de subir un harcèlement intense lors de plusieurs de mes missions dans des jobs de service. Au Grand Magasin, pendant de longs mois, une de mes managers a tenté de me pousser à bout et à la démission. Je n'avais pas le droit d'aller aux toilettes sans son aval, elle me faisait convoquer par le service des relations humaines pour des retards d'une à deux minutes (deux en quatre mois…) et me narguait comme une écolière lorsque je recevais les convocations, elle me demandait de rester debout, quand bien même mes collègues étaient tous assis, en l'absence de clients… Durant cette période interminable, je lui ai résisté comme j'ai pu, avec les moyens dont je disposais. Elle a tout de même failli réussir, tant j'étais épuisée de me battre. Ma fatigue, mon stress et ma boule au ventre ont pris des proportions énormes, jusqu'à ce que le confinement m'offre une respiration et d'autres perspectives.

Je m'en suis bien tirée. J'ai eu de la chance. Soucieuse de réfléchir à mon expérience afin d'en tirer un enseignement, j'ai même pu la sublimer et en tirer du positif: mon premier livre[1], dans lequel j'analyse cette période sous un prisme féministe; puis celui qui est entre vos mains[2]. D'autres ont été moins chanceux.

Si le harcèlement existe dans toutes les strates professionnelles, chacune de mes expériences dans les métiers du service m'a pourtant enseigné qu'il a une couleur particulière dans ce domaine. Est-ce parce que ces emplois sont majoritairement occupés par des femmes? Parce que les salariés sont souvent d'extraction modeste? Qu'ils et elles ont fait des études plus courtes que celles exigées dans les métiers «qualifiés»? Il semble complètement improbable que l'on interdise à un journaliste, un communicant ou un professeur d'université d'aller aux toilettes ou qu'on lui impose d'en demander l'autorisation.

Le harcèlement est-il inhérent aux métiers du service parce qu'on en considère le personnel... inférieur? La question semble outrancière mais l'est-elle réellement dans un contexte ultra-capitaliste sans foi ni loi, où seule compte la logique du marché et où l'humain est quantité négligeable? Il y a en effet de quoi s'interroger lorsqu'on constate la facilité avec laquelle on dispose de salariés devenus incompatibles avec l'avidité des actionnaires et des chefs d'entreprise en totale déconnexion avec la réalité. De ce système quasi féodal découle une hiérarchisation

1 *Rivalité, nom féminin*, aux éditions Favre.
2 Ou sur votre liseuse, on n'est pas sectaire.

rigide et indéboulonnable des personnes : n'est-il pas, lors du passage à l'acte et au niveau des éventuelles conséquences, plus facile de brutaliser une femme de ménage qu'un publicitaire ?

Contrôler

« C'est fou, depuis que je suis ici, j'ai pris environ une quinzaine de kilos », me confie Sarah[3], une de mes collègues au Grand Magasin. Je comprends de quoi elle parle, puisque c'est la même chose pour moi. À quoi Sarah doit-elle sa prise de poids ? « Dans mon cas, il y a plusieurs raisons. Pour commencer : l'ennui. Je grignote dès que je peux, quand je n'ai rien à faire. Parfois, on piétine toute la matinée en attendant les clients et manger fait passer le temps lorsque la conversation se tarit. Ensuite, il y a le stress : après un rush de clients malpolis et agressifs, comme on en a tous les jours, on se réconforte avec un pain au chocolat. Ou deux. »

La troisième raison à la prise de poids de Sarah est plus étonnante : « Je pense que les abus que l'on subit ici conduisent aussi à une alimentation plus anarchique. Le harcèlement, les réflexions constantes induisent un besoin de réconfort accru. » Impossible de la contredire puisque son expérience est quasi similaire à la mienne. Après avoir grignoté n'importe quoi toute la journée, mon choix se portait le soir vers l'alimentation la plus régressive et réconfortante possible. Le harcèlement y était pour beaucoup, puisque j'ai passé un an au Grand Magasin sans la moindre variation de mon poids

3 Le prénom a été changé.

d'origine[4]. Mes mauvaises habitudes sont apparues avec l'arrivée d'une manager au comportement harcelant et le stress induit.

Ma silhouette s'est ainsi transformée sous le regard malveillant de certains collègues et managers. J'avais beau aimer mon nouveau corps et apprendre tranquillement à l'appréhender différemment, on me rappelait sans cesse qu'il avait changé et que j'étais, de fait, « moins bien ». Sarah partage mon sentiment : « Je n'ai jamais eu autant de réflexions déplacées et grossophobes[5] qu'après ma prise de poids, surtout de la part de mes collègues. C'était constant. » Certains managers justifiaient ce harcèlement par la nécessité d'avoir « une excellente présentation », dans un métier connexe à la mode[6]. « Tu fais un métier d'image », m'avait expliqué le plus sérieusement du monde l'un d'entre eux...

De telles insanités pourraient prêter à rire si leurs conséquences n'étaient pas potentiellement graves. Le centre de santé dans lequel je me rendais régulièrement, à proximité du Grand Magasin, voit passer nombre de salariées consultant pour des motifs variés[7].

---

4 Il m'est important de préciser ici une chose : prendre du poids fait partie de la vie et n'est en aucun cas un problème tant que l'on est heureux et en bonne condition physique (et l'on sait que le chiffre sur la balance ne dit pas grand-chose de l'état de santé réel d'une personne). Ce paragraphe ne vise pas à présenter la prise de poids comme problématique mais plutôt à pointer sa corrélation, dans mon cas particulier (et celui de Sarah), avec le mal-être que nous causait cette expérience professionnelle précise.

5 Sarah n'est pourtant passée que d'une petite taille 38 à une taille 40...

6 La directrice d'un magasin de fast-fashion dans lequel j'ai travaillé répétait à l'envi : « Nous, on travaille dans la mode. » J'avais pourtant plutôt l'impression de travailler dans les cintres...

7 Voir chapitre 7 : « Conchita et Fatou : les femmes étrangères et racisées en première ligne ».

Les médecins n'y traitent plus uniquement les troubles musculosquelettiques, mais prescrivent aussi de plus en plus d'antidépresseurs et anxiolytiques, comme me l'a confirmé l'un d'entre eux.

Un monde de femmes

Après mes nombreuses expériences dans des métiers de service, je dois me rendre à l'évidence : je suis dans un monde de femmes. Pas étonnant, lorsqu'on sait leur conditionnement à être au service des autres, ainsi que la mise en œuvre sociétale pour les maintenir dans des conditions subalternes. Mais il semblerait que les victimes aient aussi besoin de victimiser…

De nombreuses études montrent que les femmes en position de pouvoir et au comportement harcelant ciblent majoritairement d'autres femmes. Des chiffres peu surprenants lorsque l'on sait que les exécutantes de ces managers sont souvent d'autres femmes. Émilie[8] jure ses grands dieux : « Je n'ai jamais, de ma vie entière, été confrontée à un harcèlement aussi violent et brutal que celui des autres femmes. » Ancienne caissière en moyenne surface, aujourd'hui copywriter dans une agence de publicité parisienne, elle se souvient : « On m'a rarement autant mis la pression et pourtant, je travaille dans un milieu exigeant. J'ai l'impression que certaines managers m'en voulaient d'être étudiante et d'avoir des perspectives différentes. Pourtant, je n'ai jamais fait preuve de condescendance, j'y ai fait très attention. Mais le harcèlement que j'ai vécu à l'époque relevait de la hargne. »

---

8 Le prénom a été changé.

À son arrivée à son poste, Émilie est rapidement prise en grippe par ses deux responsables, qui adoptent rapidement un comportement harcelant: « Il y avait comme un effet d'émulation entre elles, comme deux *mean girls* qui s'enhardissent au fur et à mesure que l'une alimente l'hostilité », raconte-t-elle. Les deux managers lui reprochent des faits insignifiants et établissent des mesures spécifiques pour elle. Elle n'a ainsi plus accès à la salle de pause des salariés, sous prétexte qu'elle n'est là que 20 heures par semaine; ses heures de table sont perturbées par des coups de fil absurdes… Le climax est atteint lorsque l'une de ses responsables décide de lui retirer la chaise qu'elle utilise lorsqu'elle fait ses encaissements. « C'était trop. Toutes les autres travaillaient tranquillement assises quand j'étais censée me tenir debout derrière ma caisse pendant plusieurs heures d'affilée. J'avais encaissé les maltraitances jusque-là, car je me disais que tout ceci était provisoire, mais je ne pouvais plus accepter ça. J'ai contacté le directeur, qui les a rappelées à l'ordre. Elles ne se sont pas calmées pour autant, puisqu'elles ont décidé de ne plus m'adresser la parole. Je n'avais plus de consignes, rien. Heureusement que je savais ce que j'avais à faire, sinon j'étais livrée à moi-même. Lorsqu'elles ont vu que ça ne me faisait rien et que ça me soulageait presque, d'une certaine façon, elles se sont mises à chercher la petite bête pour absolument tout: mes horaires d'arrivée et de départ, la bonne tenue de ma caisse, et jusqu'à la couleur de mon rouge à lèvres ! J'ai fini par craquer et démissionner. »

Émilie retrouve dans la foulée un contrat étudiant dans un magasin de fast-fashion: « C'était loin d'être parfait, mais je respirais un peu mieux. J'ai cependant gardé des séquelles de cette expérience car je suis devenue paranoïaque. D'une certaine façon, ces deux harpies m'ont dressée : j'étais sur le qui-vive, j'appliquais les procédures à la lettre, sans intelligence, de peur qu'on me reproche de prendre des initiatives. Cela va mieux depuis que je travaille dans ma branche mais j'ai gardé un certain stress, une peur de ne pas coller aux standards. Et ça ne me ressemble pas du tout. » Un ressenti qui rappelle celui des employés du grand magasin parisien *La Samaritaine*, décrits par *Mediapart* comme « apeurés, en arrêt maladie ou sur le départ », du fait d'un « management violent ». « Depuis le 23 juin 2021, 46 salariés ont démissionné, soit environ 7 % des effectifs », annonce l'enquête, publiée le 22 décembre 2021. Le magasin parisien avait officiellement rouvert en grande pompe le 23 juin 2021.

La paranoïa des privilégiés

Si l'on évoque rarement le harcèlement des managers dans les métiers de service, il est encore plus rare que l'on réfléchisse à celui des clients ou des personnes qui bénéficient du travail des salariés. Pour ma part, je l'ai vécu lorsque je travaillais à l'accueil d'un salon de coiffure de luxe parisien. Deux fois par semaine, une dame aisée venait y faire faire son brushing. Et deux fois par semaine, j'avais une prise de bec avec elle sans la moindre raison. Dès le départ, cette dame m'avait fait comprendre qu'elle préférait l'hôtesse précédente, qui comprenait mieux ses besoins[9]. Rien ne lui convenait : je ne la comprenais pas, elle n'aimait pas ma voix,

9 L'hôtesse précédente m'avait pourtant raconté avoir les mêmes prises de bec avec cette dame deux fois par semaine et subir sa mauvaise humeur en permanence.

trouvait que je ne souriais pas assez… au téléphone… Après deux semaines de réflexions acides, j'ai décidé de ne plus me laisser faire et lui ai annoncé que je ne l'autorisais pas à me parler de cette manière. Bien mal m'en a pris : j'avais déchaîné toute la furie des Enfers.

L'objectif de cette dame a été, dès ce moment, d'obtenir mon licenciement (qu'elle a demandé tout de suite). Pour ce faire, le plus simple était de mettre en doute mon honnêteté[10] : j'aurais, selon elle, volé des produits capillaires, je ne lui aurais pas rendu correctement la monnaie… Sur ma demande, la directrice du salon[11] a fini par être présente lors de nos interactions, jusqu'à prendre le relais de façon systématique lors des passages au salon de cette dame vindicative. Il m'a fallu un peu de temps avant de comprendre le caractère harcelant de cette cliente et de mettre un mot sur ses actes.

C'est en écoutant un podcast sur un sujet tout autre que j'en ai pris conscience : lors d'un épisode de *Every Outfit*, émission américaine autour de la pop culture, les deux hôtesses, Chelsea Fairless et Lauren Garroni, analysent un épisode de la saison une de la série *The White Lotus*[12]. On y découvre le client d'un *resort* luxueux qui, mécontent de ne pas occuper la chambre vue au préalable lors de sa visite virtuelle (et malgré la mise à disposition par le manager d'une suite époustouflante), harcèle le directeur, dans un échange passif-agressif hilarant en fil rouge. Le caractère

10 Un moyen dont on fait souvent usage avec les personnes racisées, d'autant plus lorsqu'elles sont arabes.

11 Qui ne m'a pas soutenue, puisqu'elle m'enjoignait de ne pas prendre ces incessantes attaques personnellement. Elle s'est même montrée agacée par ma résistance.

12 Every Outfit, "On Natasha's return, Toxic influencers, Cannes Fashion", 23 juillet 2021.

répétitif définit le harcèlement et les deux hôtesses ne s'y trompent pas. « Il me semble que ce genre de situation est représentatif d'un certain type de personnes riches, qui développent une profonde paranoïa quant au fait qu'on essaye de les arnaquer et de leur enlever ce qui est à eux[13]. »

Une analyse que partage Leïla[14], conseillère de vente pour une marque de maroquinerie luxueuse : « Il est vrai que la clientèle du luxe est exigeante, mais ce n'est pas toujours pour les raisons que l'on croit. Certains clients sont assez méfiants et nous reprochent parfois de ne pas leur proposer ce qui se fait de mieux ou, à l'inverse, d'essayer de les arnaquer en leur proposant des choses trop chères pour ce qu'elles sont. Ils me rappellent les touristes occidentaux en voyage dans des pays en voie de développement, persuadés qu'on essaye de les arnaquer et de tirer avantage de leur aisance. » Une situation destinée à perdurer, voire à s'amplifier, vu l'accroissement alarmant des inégalités : les plus précaires se précarisent, tandis que les plus aisés s'enrichissent.

---

13 Traduction de l'autrice.

14 Le prénom a été changé.

Chapitre 13
Quand le travail est un danger

« Si un braqueur armé te demande la caisse, fais pas la maligne et donne-lui. T'as pas envie de mourir pour protéger les 100 balles d'une enseigne de fast-fashion qui exploite des gosses. » – Un de mes collègues lors de ma formation de conseillère de vente

Premier jour dans une enseigne de fast-fashion. Pistonnée par une amie, j'intègre les effectifs comme conseillère de vente[1]. Puisque je suis étudiante, de nationalité étrangère de surcroît, mon nombre d'heures de travail sera limité à 20 par semaine. L'équipe est assez jeune, sympathique dans l'ensemble.

Au départ, mes tâches sont simplement limitées à la bonne tenue de mon rayon : je suis chargée du sportswear et de la lingerie, je plie donc des sweat-shirts et remets des culottes sur leur cintre toute

---

1 Le piston est à noter car, pendant des années auparavant, et de façon régulière, j'avais postulé pour un emploi dans cette enseigne. Sans succès.

la journée[2]. Je m'occupe également des cabines d'essayage à l'occasion. Mais les choses sérieuses commencent avec ma formation à la caisse. Une responsabilité dont je me passerais bien, puisque je déteste manipuler l'argent liquide. Pour des raisons hygiéniques d'abord, mais aussi parce que cela me met en danger. Je crains les erreurs de caisse, la suspicion[3], les accusations de vol... Mais, par-dessus tout, j'ai conscience d'être en première ligne en cas de braquage ou d'agression. Les caisses du magasin se trouvent en effet très près de l'entrée, et il serait simple pour un malfrat de se saisir de la caisse, puis de prendre la poudre d'escampette, me laissant dans un état que je n'ose imaginer. Les managers ont beau insister sur le fait qu'on ne sera jamais blâmés si l'on remet le contenu de sa caisse à un braqueur, les craintes sont ailleurs.

La caisse n'est en effet pas uniquement dangereuse à cause des convoitises qu'elle suscite mais aussi parce qu'elle vous confronte directement à la violence des clients. Une violence qui prend différents visages, loin de se limiter au vol d'argent.

---

2 La direction avait au départ affiché un panneau plein de bon sens interdisant, pour des raisons d'hygiène évidentes, d'essayer les strings et culottes. Mais, après des plaintes de clientes, l'enseigne s'était fendue d'une directive nous imposant d'autoriser cette pratique. Ainsi, quiconque se trouvant assigné aux cabines d'essayage avait l'obligation de manipuler à mains nues des strings et culottes essayés par des clientes peu scrupuleuses. Je vous épargne les anecdotes dégoûtantes.

3 Une de mes managers me regardait toujours fixement lorsque je me trouvais en caisse, quand bien même je ne lui avais jamais donné la moindre raison de douter de mon honnêteté. Ou peut-être mon appartenance ethnique lui était-elle suffisante pour me suspecter ?

Agressions, insultes… quand la déshumanisation fait mal

La scène laisse bouche bée, par sa violence et son incongruité : dans une vidéo largement partagée sur Twitter, tournée au magasin H&M de La Défense, à Puteaux, une femme frappe brutalement un panneau de protection en plexiglas et l'envoie sur une conseillère de vente en état de choc. « Déjà, toi, t'es caissière », hurle-t-elle avec mépris, entre deux obscénités[4]. La cliente essaye même de frapper la vendeuse, qui réussit à se protéger en saisissant son agresseuse par son écharpe, limitant ainsi ses mouvements, avant l'intervention d'un vigile médusé. La cliente quitte le magasin en menaçant la conseillère de vente, lui promettant de l'attendre à la sortie. La raison de ce déchaînement de violence ? La cliente violente refusait de payer un sac en papier à 15 centimes.

Lorsque je montre cette vidéo à Nora[5], manager dans la même enseigne, elle commente d'une voix lasse : « Des comme celle-là, je dois en gérer dix dans la semaine. » Je m'en doute. J'ai moi-même été confrontée au même type d'agressivité absurde, lorsqu'une cliente m'a lancé ses articles au visage. La raison de son ire : face à deux demandes de remboursement consécutives, j'avais fait patienter les clientes concernées (seuls les managers pouvaient accomplir cette tâche) et encaissé la cliente suivante. Une cliente, en deuxième position dans la file d'attente d'à côté, s'est alors emportée, s'estimant flouée qu'une personne qui était

4 « Grosse p*te, à la sortie de ton travail je t'attends » dans un H&M, une cliente agresse violemment la caissière pour un sac à 15 centimes (vidéo) (letribunaldunet.fr).

5 Le prénom a été changé.

« après elle » (alors qu'elles n'étaient pas dans la même file) lui passe devant. Ne sachant que lui répondre, je lui ai dit que nous faisions au mieux pour limiter son temps d'attente. Une réponse qui ne lui a visiblement pas convenu, puisqu'elle m'a lancé l'ensemble de son shopping sur la tête, m'occasionnant un léger bleu à côté de l'œil, causé par un cintre. Le tout avant de quitter le magasin, avec panache, semblait-elle penser, sous le regard approbateur du reste de la file d'attente. Une vraie lady. D'autres images circulent sur les réseaux sociaux, montrant un passager en état d'ébriété avancé asséner des coups de poing au personnel d'une compagnie aérienne[6], des insultes racistes proférées sur des caissières[7] par une mère de famille accompagnée de ses deux enfants en bas âge, ou encore l'agression, très médiatisée, d'un livreur à vélo[8].

Les chiffres l'attestent : le groupe SNCF a ainsi recensé plus de 5330 actes de violence verbale ou physique sur la seule année 2021. Soit une moyenne de 14 actes par jour. Le phénomène a également augmenté de 9 % en 2022, donnant lieu à 900 déclarations d'accident de travail[9]. Le groupe ferroviaire a lancé une campagne d'affichage pour sensibiliser les usagers au respect de ses employés. De la même manière, selon une enquête menée par le cabinet Éléas, expert-conseil en qualité de vie, les incivilités au travail augmentent,

---

6 EasyJet passenger punches staff after being refused boarding | News | *Independent TV.*

7 « Sale négresse, sale noire » ; une cliente profère de violentes insultes racistes sur une caissière d'un supermarché *Carrefour* (vidéo) (letribunaldunet.fr).

8 « L'homme soupçonné d'avoir agressé un livreur à Cergy a été interpellé » (lefigaro.fr).

9 SNCF : les agressions et les incivilités envers les agents en hausse – *Le Parisien.*

comme l'estiment 54 % des salariés. « Particulièrement concernées, les femmes et les personnes qui travaillent en horaires décalés ou dans les secteurs du commerce et des services non marchands (administrations et services publics), où 49 % des sondés se déclarent "très" ou "assez exposés"[10]. » Les affichettes invitant à la courtoisie et au respect dans les services publics ne semblent pas très efficaces…

La situation ne semble pas près de s'arranger, puisqu'elle paraît au contraire suivre la hausse des prix ainsi que la digitalisation de certains services. Dans un contexte d'inflation incontrôlée, les clients passent leurs nerfs sur le personnel en première ligne, tout autant affecté (voire plus) par le coût délirant de la vie pourtant. Ainsi que l'explique Sylvain Macé, délégué groupe CFDT-Carrefour au journal *Le Monde*, *« on observe une recrudescence de l'agressivité face à la hausse des prix. Les clients font le tour du magasin et ils se déchargent en caisse. C'est dur à vivre pour les salariés, qui travaillent en état de vigilance*[11]. » Certains, conscients qu'il n'y a pas grand-chose à attendre d'une entreprise qui valorise avant tout ses clients et leur apport pécuniaire, s'organisent pour essayer de faire valoir leur droit au respect. Le Collectif des livreurs autonomes des plateformes (CLAP) organise ainsi des manifestations afin de sensibiliser le public à leur situation. Selon Aziz, livreur Deliveroo, « les gens n'ont aucun respect pour nous. Vous savez, quand ils nous traitent d'esclave, ce n'est même pas une insulte pour eux, ils le pensent vraiment. C'est ça qu'on est à leurs yeux.

10 « Incivilités en hausse : comment mieux vivre ensemble au travail ? » (lagazettedescommunes.com).

11 « Les entreprises au défi des violences du public envers leurs salariés » (lemonde.fr).

Et quand on perd le respect, on s'expose fatalement à la violence[12]. »

Avec l'ensemble de ces informations en tête, on entend d'une autre oreille l'actrice Chloe Cherry, vue dans la série *Euphoria*, et égérie beauté, avouer au micro d'Emily Ratajkowski s'être sentie bien plus en sécurité lorsqu'elle travaillait dans le porno que lorsqu'elle était serveuse[13]. De nombreux commentaires de femmes partageant la même expérience ont alors validé sa déclaration. Des propos pas si provocateurs, qui offrent matière à réflexion[14]...

Mourir au travail

En mars 2021, huit personnes étaient assassinées dans le cadre de trois fusillades aux alentours d'Atlanta, ciblant des salons de massage. Parmi les victimes, sept étaient des femmes et six étaient d'origine asiatique, majoritairement sud-coréenne, dans un contexte de recrudescence d'agressions anti-asiatiques[15]. Si le caractère raciste de ces meurtres a largement été évoqué par les commentateurs, peu ont pointé la vulnérabilité à laquelle exposait le métier des victimes. Recevoir du public en exerçant une profession à la mauvaise réputation, suscitant de nombreux fantasmes, tout en étant une femme asiatique, attire

12 https://www.20minutes.fr/societe/3065351-20210618-esclave-sale-noir-coups-pourquoi-livreurs-subissent-tant-violence.

13 High Low with EmRata : Chloe Cherry, podcast du 10 janvier 2023.

14 Des propos que l'on peut entendre sans remettre en question la réalité d'autres actrices porno, qui subissent, elles, une violence bien réelle.

15 « États-Unis : trois fusillades dans des salons de massage à Atlanta et ses environs font huit morts » (lemonde.fr).

fétichistes et pervers de tous poils. Et expose, de fait, à la violence.

Mais les prétextes à la violence ne manquent pas, puisqu'un refus de remboursement semble suffisant pour ôter la vie : ainsi, Théo, vendeur dans une boutique Bouygues Telecom au centre commercial de Claye-Souilly, en Seine-et-Marne, a-t-il été poignardé à plusieurs reprises au niveau du cœur par un client mécontent de ne pas obtenir gain de cause. Son collègue Dany a également subi le déchaînement de violence : grièvement blessé au thorax, il a été opéré en urgence et a pu survivre. Théo n'a pas eu cette chance. Âgé de 18 ans, il venait d'obtenir son bac[16].

Le personnel de service se voit ici nier son humanité, devenant une denrée commerciale sur laquelle on passe sa frustration, un punching-ball, et dont on peut, à l'occasion, disposer définitivement. Si la violence a toujours fait partie de notre société, on peut s'interroger cependant sur le traitement des employés exposés au public, leur invisibilisation, leur déshumanisation et leur constante dévalorisation face à la logique du « client roi ». Peut-on s'étonner des débordements d'agressivité lorsqu'on conditionne les uns à penser que les autres leur sont, de toute évidence, inférieurs ?

Une violence incompréhensible, qui prend parfois les tournants les plus absurdes. Un jeune employé de McDonald's âgé de 23 ans a ainsi été tué d'une balle dans le cou par un client, à Brooklyn, aux États-Unis. Le motif de son mécontentement : les frites servies à sa mère étaient trop froides[17].

---

16 Vendeur tué dans un centre commercial : ce que l'on sait des circonstances de la mort de Théo, 18 ans (bfmtv.com).

17 McDonald's worker dies after being shot in the neck by customer | *The Independent*.

Partie V

Adieu, boulot de merde

Chapitre 14
Pourquoi les patrons peinent à recruter

« Les grandes et petites misères continuellement imposées dans l'usine à l'organisme humain, ou comme dit Jules Romains, "cet assortiment de menues détresses physiques que la besogne n'exige pas et dont elle est loin de bénéficier", ne contribuent pas moins à rendre la servitude sensible. Non pas les souffrances liées aux nécessités du travail; celles-là, on peut être fier de les supporter; mais celles qui sont inutiles. »
– Simone Weil, *La condition ouvrière*[1]

« You won't break my soul. » – Beyoncé

Depuis environ trois ans, c'est un marronnier[2] estival : il est devenu impossible de recruter en restauration. On tend le micro aux restaurateurs excédés ou désemparés, prompts à évoquer le temps où l'on

1 *La condition ouvrière*, Simone Weil, Petite Biblio Payot Classiques.
2 En journalisme, un marronnier est un sujet récurrent et peu important, souvent diffusé pendant les périodes creuses de l'actualité. Exemples : les départs en vacances, la rentrée scolaire, le passage à l'heure d'été ou d'hiver…

n'avait pas peur de travailler. Les professionnels du tourisme y vont également de leurs petits commentaires, jugeant qu'ils sont confrontés à la difficulté à recruter du personnel sérieux, disposé à sacrifier ses vacances d'été pour les rejoindre. Ainsi, environ 10 % des salariés de l'hôtellerie auraient quitté leur métier[3]. Les scènes de chaos dans les aéroports à l'été 2022 sont aussi abondamment diffusées, montrant des voyageurs déconfits face à la disparition de leurs bagages.

Il en va ainsi de nombreux milieux, tous dans le secteur du service. À en croire les acteurs principaux, c'est un fait : les jeunes ne veulent plus travailler. Sans qualifications particulières, ils ont des exigences délirantes et refusent de travailler certains jours, certaines heures. Ils ne comprennent pas les besoins du métier, ce sont des paresseux. Face à ces reportages peu scrupuleux (et outrageusement orientés), les commentaires réprobateurs et anecdotes personnelles vont bon train sur les réseaux sociaux, où chaque *boomer* semble avoir travaillé à la mine à 300 mètres de profondeur, cultivé des champs de maïs à mains nues ou bâti la tour Eiffel à l'aide d'un couteau à beurre et d'un bout de ficelle[4].

Parmi cette faune imaginative, personne ne semble se poser la bonne question : pourquoi ? Pourquoi les employeurs peinent à recruter ? Pourquoi, dans un contexte d'anxiété généralisée, la main-d'œuvre se fait-elle rare dans certains secteurs ? Et surtout, à quoi aspirent désormais les travailleurs ?

---

3 « Pénurie de main-d'œuvre : le couac des vacances ? » (lepoint.fr).
4 Alors que chacun sait que c'est Britney Spears qui l'a construite.

Grande Démission et mesures populistes

Si l'on s'appuie sur des chiffres, il est difficile de nier cette tendance : oui, de nombreux salariés quittent leur emploi. En 2021, 48 millions d'Américains ont ainsi quitté leur emploi volontairement, donnant lieu à un phénomène baptisé outre-Atlantique « *The Great Resignation* », soit « la Grande Démission ». Parfois documenté sur le réseau social TikTok, sous le hashtag #QuitMyJob, il donne lieu à des actions spectaculaires, à l'image de cette Américaine démissionnant de son emploi dans la chaîne de grande distribution Walmart en l'annonçant dans les haut-parleurs du magasin. Cette vidéo sera imitée en masse par des salariés démissionnaires.

Sans surprise, l'immense majorité de ces démissions a lieu dans les catégories suivantes : l'hôtellerie, la vente, la restauration, la santé… soit des secteurs de service où l'on reçoit du public. Aux États-Unis, selon les données du ministère du Travail, au seul mois d'avril 2021, environ 650 000 salariés du commerce de détail avaient quitté leur emploi[5]. Mal payés, déconsidérés, sans perspectives d'évolution ni confort, ces métiers connaissent aujourd'hui une forme de révolte, dont les médias se désintéressent étrangement, réservant leurs analyses aux professions supérieures. Difficile de ne pas comprendre ce ras-le-bol généralisé[6].

Certaines grandes entreprises réagissent en mettant la main à la poche, à l'image des entreprises de grande distribution Target et Best Buy, en augmentant le salaire minimum. D'autres, comme McDonald's et Amazon,

5 The Great Resignation: How employers drove workers to quit | *BBC Worklife*.

6 Surtout si vous avez lu l'intégralité des chapitres précédents.

préfèrent proposer des bonus à l'embauche, allant de 200 à 1000 $. Des initiatives qui ne semblent pas suffire, puisque la pénurie perdure: 94% des commerçants de détail peinent encore à recruter[7].

Mais une meilleure rémunération est-elle suffisante pour faire office de carotte? Selon Alison Omens, responsable stratégique de JUST Capital, un organisme à but non lucratif qui s'est donné pour mission de mesurer l'éthique des entreprises en matière de justice sociale et environnementale, «il ne s'agit pas que d'argent. De nombreux employés de la vente et des services quittent leur emploi pour des postes juniors ailleurs – dans des bureaux, par exemple – qui les payent en fait moins mais proposent plus d'avantages, une mobilité ascendante et de la sympathie [...]. Nous demandons aux gens s'ils accepteraient un salaire plus bas pour travailler dans une entreprise qui partage leurs valeurs, et les gens acquiescent[8].» L'ère semble ainsi être au ras-le-bol généralisé et à la recherche de sens. Dans un contexte mortifère d'attentats, d'éco-anxiété[9] et de marasme économique, rattrapés par le déclassement social, les jeunes Occidentaux veulent vivre. Face au travail et à l'argent, priorité est donnée aux expériences et à «la vraie vie».

Des aspirations pas toujours soutenues par certains gouvernements, qui créent eux-mêmes la pénurie de travailleurs en espérant pousser les plus récalcitrants vers des emplois indésirables. Au Royaume-Uni, depuis le Brexit, il est devenu difficile de pourvoir certains postes en restauration, agriculture, industrie...

---

7 The Great Resignation: How employers drove workers to quit | *BBC Worklife*.

8 *Ibid.* (traduction de l'autrice).

9 Anxiété induite par le changement climatique.

Habituellement occupés par une main-d'œuvre européenne peu regardante, ces emplois restent vacants[10]. Constat similaire au Québec, où les emplois de service sont aujourd'hui boudés par les détenteurs de Permis Vacances-Travail (PVT[11]) car ils ne leur permettent plus d'accéder au programme de Résidence Permanente. Sous l'impulsion du gouvernement québécois conservateur, seuls les emplois de cadre ou ceux nécessitant un diplôme de l'enseignement supérieur autorisent à envisager un avenir dans la Belle Province. Des mesures populistes qui l'emportent sur les besoins réels de la population.

Le rôle du Covid

Pour ceux qui ont eu la chance de rester chez eux, le confinement fut l'occasion d'une réflexion à propos du travail et de ses différentes formes. Si certains ont eu une épiphanie en expérimentant le télétravail, d'autres l'ont vécu comme un calvaire. Mais comment l'ont envisagé ceux qui n'y ont pas eu droit ?

Mélanie, ancienne vendeuse en prêt-à-porter, fait partie de ceux qui ont eu une révélation : « Mes revenus ont énormément baissé mais je ne retournerais pour rien au monde à mon ancien métier », confie-t-elle en souriant. Pour la jeune quarantenaire, le confinement a été un déclic : « Je me suis retrouvée à la maison avec mon mari et mes enfants, persuadée que j'allais

---

10 Écouter « La chasse aux serveurs est ouverte » (monde-diplomatique.fr).

11 Titre de séjour temporaire (deux ans pour les ressortissants français) autorisant le travail et les déplacements. À l'origine très simple d'accès, il est aujourd'hui, face à son énorme succès, accessible à la faveur d'un tirage au sort.

m'ennuyer et me languir de mon travail. Et c'est tout l'inverse qui s'est produit : pour la première fois depuis une quinzaine d'années, mon temps m'appartenait et j'en faisais ce que je voulais. J'ai pris du plaisir à le partager avec mes enfants, à cuisiner, à lire... Je ne pensais plus du tout à retourner en boutique. » Après avoir discuté avec son mari, elle prend la décision de se consacrer à son intérieur, tout en prenant des cours d'informatique. « J'ai passé quelques bons moments dans mon ancien métier mais les conditions de travail se sont énormément dégradées en quelques années. Aujourd'hui, je devrais accepter des charges de travail accrues, des tâches qui n'entrent pas dans ma fiche de poste, et une clientèle de plus en plus insupportable, sans la moindre augmentation, ni marque de gratitude... Pourquoi ? »

Si le besoin de se rapprocher de sa famille s'est fait sentir, un autre élément a pesé dans la balance : « Lorsque les magasins ont réouvert, j'ai ressenti beaucoup d'insécurité. Malgré les jauges et les mesures de distanciation, j'ai eu peur de tomber malade et de contaminer mes enfants, mon mari... De plus, l'entreprise dans laquelle je travaillais a pris des dispositions minimales, et s'en tenait seulement aux préconisations gouvernementales. Lorsque des clients, pas toujours scrupuleux, se permettaient de baisser leurs masques pour tousser ou éternuer, on n'avait pas le droit de leur faire de réflexion, parce qu'il fallait "rester commerçant"... Je me suis sentie déconsidérée, le bien-être des clients l'emportait sur ma santé, sur ma vie. »

Laura[12], employée en restauration, a eu, elle, un autre type de déclic : confrontée au décès d'un proche

12 Le prénom a été changé.

et au licenciement économique d'un autre, elle a pris conscience de sa propre mortalité, ainsi que du caractère éphémère de la vie. « Je ne peux pas gaspiller mon existence à engraisser mon patron, qui ne fait aucun cas de moi », lance-t-elle en souriant. La jeune femme suit aujourd'hui des cours de management car elle souhaite ouvrir son propre établissement.

Des témoignages qui confirment la tendance générale : les salariés attendent aujourd'hui plus des entreprises[13]. Pour Ross Seychell, responsable chez Personio, une entreprise qui conçoit des outils pour les Ressources Humaines, « la pandémie a mis la loupe sur la façon dont cette entreprise à laquelle j'ai donné beaucoup a géré ma santé ou mon bonheur à ce moment-là [...]. J'entends souvent : "j'irai là où je serai valorisé."[14] » Des revendications légitimes, malheureusement balayées par les discours populistes nostalgiques.

---

13 Sauf lorsqu'ils n'en attendent plus rien.
14 The Great Resignation: How employers drove workers to quit | *BBC Worklife*.

Chapitre 15
Ghoster son employeur

« Il faut qu'un domestique soit bien sot lorsque, au bout de sept ans, il ne gouverne pas son maître. » – Michel-Jean Sedaine, *La gageure imprévue*[1]

« Aux États-Unis, la majorité des jeunes entre 18 et 30 ans disent qu'ils sont anticapitalistes […]. Cela montre un rejet de l'ordre établi et une envie de vivre quelque chose d'autre[2]. » – David Graeber

Après ces quelques chapitres, vous avez dû vous en rendre compte : je ne suis pas exactement « l'employée idéale », si l'on s'en tient aux critères dominants. Pourtant, il me semble que je le suis, au contraire, tout à fait. Ponctuelle, polie, pas idiote et pas uniquement motivée par le salaire – j'ai un loyer et des goûts de luxe à assumer, voyez-vous, sans quoi je resterais chez moi à lire des livres et boire du thé – je suis tout simplement parfaite[3].

J'ai beau ne pas supporter le *bullshit*, détester la hiérarchie et mépriser le corporatisme, je suis

1 *La gageure imprévue*, Michel-Jean Sedaine, Hachette BNF.
2 « Les Matins » de *France Culture*, émission du 21 mars 2018.
3 Et tellement modeste.

l'employée idéale, parce que j'ai *besoin* d'un emploi. Comme beaucoup, personne ne paye mes factures à ma place et je n'habite pas chez mes parents. Ces infos devraient systématiquement me garantir un CDI, si mentionnées en entretien d'embauche.

Je ne peux pas dire que j'ai une immense conscience professionnelle mais je possède, en revanche, une bonne éthique de travail. Un contrat, que j'ai signé de mon propre chef, me lie à une entreprise, aussi me semble-t-il normal d'en honorer les termes. Mais uniquement ces termes. Car c'est là que la rupture de confiance se fait: lorsque les exigences managériales ou patronales ne sont plus en corrélation avec le contrat. Les employés reçoivent des sanctions diverses (avertissements, mises à pied, licenciements...) lorsqu'ils ne respectent pas les termes de leur engagement. Qu'en est-il des instances dirigeantes qui en font autant? Et comment les salariés leur font-ils face?

Le strict minimum... et moins encore

L'un des effets inattendus de la pandémie de Covid-19 a été de rebattre les cartes du monde du travail. Se rendre compte que l'avenir et la survie sont incertains implique de remettre en question la façon dont on utilise son temps de vie. L'ingratitude dont ont pu faire preuve certaines entreprises envers leurs salariés a également posé question.

De ces réflexions est née une tendance: le *quiet-quitting*[4]. Contrairement à ce que son nom indique, il ne s'agit pas de démissionner de son emploi

4 «Démission silencieuse».

mais simplement de se cantonner aux tâches mentionnées dans sa fiche de poste[5]. Apparu sur les réseaux sociaux à l'été 2022, le mouvement invite à lever le pied et à tourner le dos à la *hustle culture*[6]. Désormais, il est considéré comme ringard de mettre fièrement en avant son épuisement professionnel, son nombre d'heures de travail, son manque de sommeil ainsi que son nombre de cafés ingurgités pour y survivre sans se poser de questions.

« Mon job n'est pas ma vie. Et heureusement, sinon je me suiciderais ! », s'exclame Lucile[7], ex-manager pour une chaîne de pâtisserie de luxe. Après avoir travaillé d'arrache-pied à l'ouverture d'une boutique dans le cadre d'un CDD, elle est remerciée deux jours avant la fin de sa période d'essai et remplacée par une manager novice. Son émotion est encore palpable lorsqu'elle évoque son expérience : « On a sous-entendu que je ne faisais pas l'affaire sans rien avoir de tangible à me reprocher. Pour finalement me renvoyer deux jours avant ma validation ! Ce que je comprends, c'est qu'on m'a fait travailler comme un chien pour préparer l'ouverture dans l'ombre et ensuite donner les clés à une manager qui correspondait plus à la faune locale [Lucile est une femme noire et la boutique en question se trouve dans un quartier huppé de la capitale]. J'ai été utilisée et je me suis rendue malade pour rien. »

Depuis, Lucile a fait le choix, avant d'en connaître le terme, du *quiet-quitting*. « J'ai bien compris que nous sommes quantité négligeable et qu'au moindre pépin,

---

5 « Le "quiet quitting" ou le ras-le-bol de ceux qui décident de faire le minimum au travail » (courrierinternational.com).
6 L'idée selon laquelle travailler en permanence, être overbooké et mépriser le repos apporteraient sens et accomplissement.
7 Le prénom a été changé.

on saute en premier. Désormais, je n'attends pas grand-chose de mes employeurs : je m'en tiens à mon contrat, à ma fiche de poste, je travaille avec rigueur et sérieux mais finis les horaires à rallonge, les pointages en décalé… je n'en ferai pas plus. » Une décision qui a des effets positifs inattendus : « Depuis que je ne fais plus de zèle, je me sens plus impliquée dans mes tâches quotidiennes et je reçois des feedbacks bien plus positifs. J'ai gagné en confiance et en sérénité, et ça se voit. » Un avis que partage Claudia[8], 24 ans, ex-salariée d'une agence d'hôtesses d'accueil : « Travailler des dizaines d'heures par jour sans compensation ? Ça va pas, c'est pas l'entreprise de mon père », lance-t-elle en riant.

Un jeu du chat et de la souris favorable aux salariés

Au Grand Magasin, j'ai souvent entendu les plaintes des managers à propos de « recrutements compliqués » et de « candidats incompétents[9] » sans trop y prêter attention. L'enseigne peinait en effet à attirer des profils intéressants (bilingues, au fait des codes du luxe…) et, surtout, à les garder : j'ai en effet rarement observé autant de *turnover*. Certains passaient une semaine, parfois même un jour sur place, avant de disparaître. J'avais sympathisé avec Cindy[10], en CDD estival, une jeune femme amusante. Dix jours avant la fin de son contrat, cette dernière a fait le choix de prétexter une maladie pour rejoindre ses amies en vacances à

8 Le prénom a été changé.
9 Le niveau d'exigence était peut-être un peu trop élevé par rapport à la rémunération imposée…
10 Le prénom a été changé.

l'étranger. « Je ne vais pas me priver d'une super expérience de vie pour ce job pourri ! », m'avait-elle confié. Aussi avait-elle averti ses managers qu'elle ne terminerait pas son CDD, se ménageant au passage la possibilité de revenir aux prochaines vacances scolaires. D'autres collègues faisaient régulièrement le même choix, confiants quant à leurs possibilités de retrouver un emploi du même acabit. Et conscients de leur valeur sur le marché du travail.

Si Cindy a pris la peine de prévenir ses employeurs, il n'en est pas toujours de même ailleurs, puisque se développe, depuis quelques années, la tendance du *ghosting* au travail[11]. Pratique déjà bien connue dans le milieu des applications de rencontres, elle consiste à cesser du jour au lendemain toute communication avec son interlocuteur et à ne plus lui donner de nouvelles. En bref, de « faire le mort ». D'après le cabinet de recrutement international Robert Half, le phénomène aurait augmenté de 10 à 20 % en 2018[12].

Une pratique qui s'expliquerait par l'embarras du choix pour les candidats : dans les domaines les plus demandés, certains enchaînent les entretiens et ne prennent plus la peine de répondre aux recruteurs lorsque leur choix est fait. Rémi[13], manager dans le domaine du luxe, m'explique : « Lorsqu'on a des compétences recherchées, on ne met pas longtemps à trouver du travail. Pour ma part, je parle couramment russe et arabe, deux langues particulièrement demandées dans mon secteur, ce qui facilite mon parcours. J'ai aussi vécu en Russie et au Qatar, ce qui rend mon profil encore plus désirable. »

11 Workers are ghosting their employers like bad dates | *The Washington Post.*
12 What to Do When a Job Candidate Ghosts You (roberthalf.com).
13 Le prénom a été changé.

Rémi a-t-il déjà ghosté des employeurs potentiels ? « Oui, et pas qu'une fois », répond-il, hilare. « Les recrutements sont très longs dans le luxe, et on peut parfois avoir trois, quatre, cinq entretiens avant d'avoir un retour. Parfois, certains sont malins et sautent sur les bons profils rapidement. Tant pis pour ceux qui respectent des processus rigides et font trop la fine bouche. » Une tendance qui semble être un juste retour des choses : selon une enquête Indeed, 77 % des chercheurs d'emploi ont déjà été ghostés par des recruteurs[14].

Difficile d'en vouloir aux adeptes du *ghosting* dans un monde où la loi de l'offre et de la demande est érigée en principe divin et où consommer implique également de jeter. Ainsi, d'après Guillaume Erner, dans l'émission « L'humeur du matin » sur *France Culture*, « s'il existe une philosophie du *ghosting*, une philosophie morale, autrement dit sa condamnation, il n'existe pas encore une sociologie, autrement dit une analyse des causes du phénomène. La sociologue Eva Illouz explique que les applis de rencontre donnent l'illusion d'un choix infini, et si tout est infini, pourquoi bien se comporter ? Il se pourrait que dans le domaine de l'amour comme dans celui du travail, on en vienne désormais à ne plus faire de sentiments[15]. »

---

14 "Employer Ghosting: A Troubling Workplace Trend" (indeed.com).

15 « Et si vous "ghostiez" votre employeur ? » (radiofrance.fr).

Chapitre 16
Je ne peux plus retourner travailler

"*Ah, why should life all labor be?*[1]" – Lord Alfred Tennyson

«*Je ne veux pas travailler*» – Pink Martini

Je pense vous avoir déjà dit à quel point le confinement fut un bonheur pour moi. Entre le harcèlement et les clients infernaux, j'avais atteint un point de non-retour au Grand Magasin. Le chômage partiel m'a sauvée. Littéralement. Et le fait de dépendre de la branche touristique de l'activité du magasin aussi, car elle m'a permis de rester chez moi presque deux ans. Un choc pour moi qui n'avais jamais connu le chômage indemnisé.

Toutes les bonnes choses ayant une fin, il m'a fallu reprendre un jour la route du travail. J'avais beau en avoir conscience, la perspective n'en était pas moins brutale. Pendant de longs mois, j'avais pu me consacrer à mes projets personnels, lire à l'envi, me promener

1 «Ah, pourquoi la vie ne devrait-elle être que travail?» du poème *The Lotos-Eaters*, de Lord Alfred Tennyson. Traduction de l'autrice.

dans ma ville... regarder pousser les fleurs. J'avais presque réussi, il me semble, à m'extraire du monde de la productivité obligatoire et à simplement exister, pour moi et pour mes proches. Et ça me semblait bien assez.

Les mots semblent forts, voire indécents[2], mais il m'était absolument insoutenable de retourner travailler au Grand Magasin. J'éprouvais pour ce lieu le mépris, le dégoût le plus total. Avec d'autres salariés, nous échangions chaque jour et nous nous faisions mutuellement part de notre appréhension. Personne ne crachait dans la soupe mais ces mois de liberté avaient été trop doux.

Nous n'étions pas les seuls, puisqu'une tendance s'était amorcée parmi de nombreux travailleurs: désormais, nous remettions en question l'utilité du travail, la nécessité de perdre sa vie à la gagner. Le temps libre nous avait changés.

La gueule de bois du retour au travail

Quelques jours avant son retour au cinéma où elle travaillait à mi-temps, mon amie Nolwenn[3] était au désespoir. Quelques-unes des pires anecdotes relatées dans ce livre étant les siennes, je la comprenais aisément (d'autant que nos situations étaient similaires). Nolwenn avait tout connu: coercition, mensonges, infantilisation, harcèlement... Après quelques années au service de ce cinéma situé dans un quartier parisien assez huppé, elle en avait assez. Nous avions accueilli avec joie la nouvelle du confinement et nous étions offert une dernière balade dans un Paris ensoleillé et en fleurs, découvrant

2 Car, après tout, travailler dans un grand magasin n'est pas travailler à l'usine ou à la mine.
3 Le prénom a été changé.

au passage à quoi ressemble un dimanche[4] dans la capitale[5]. Quelques mois plus tard, elle ne pouvait se résoudre à retrouver sa direction toxique et ses clients imbuvables. Un déclic s'est opéré en elle, la conduisant à chercher, avec succès, un nouvel emploi. Sa principale exigence ? Pas de contact avec le public.

L'expérience de Nolwenn est loin d'être unique : depuis la crise sanitaire, de nombreux salariés remettent en question le travail ou leur façon de travailler. Une anonyme s'exprimait ainsi dans les colonnes du *Guardian* : « Je passe désormais une demi-heure par trajet, écrasée dans un train puant et sale. J'ai commencé cet emploi au moment de la pandémie, aussi appréhendais-je d'y retourner et de rencontrer mes collègues. Mes pires peurs se sont confirmées car, dès le premier jour, un de mes collègues a essayé de me faire licencier. Il m'a lancé que je n'avais pas mon porte-badge et est allé le dire à mon patron [...]. Depuis que j'ai rencontré le reste de mon équipe, j'ai observé beaucoup de sectarisme et vécu beaucoup de sexisme. Mais ce n'est pas tout. J'ai développé une hypersensibilité au bruit. Particulièrement à celui des personnes qui mâchent la bouche ouverte, avalent bruyamment leur soupe et médisent à voix haute [...]. J'aimerais disparaître sous terre[6]. » Le magazine *The Economist* notait également que « les gens devaient se réaccoutumer à la réalité physique de collègues tridimensionnels – des

---

4 Les travailleurs du service peuvent généralement dire au revoir au concept de week-end. Et louper bien des événements familiaux et amicaux.

5 Et, sans mentir, dans le strict respect des gestes barrières, car nous sommes toutes les deux extrêmement à cheval sur les règles d'hygiène (et gentiment hypocondriaques, on peut le dire).

6 Traduction de l'autrice. *I can't face going back to work in the office* | Work & careers | *The Guardian*.

personnes qui vous fixent, papotent, avalent bruyamment, respirent en sifflant, font du bruit, des froissements et s'agitent. Certains réajustements sont clairs : porter un pantalon est une obligation, pas un choix de vie. D'autres sont moins évidents[7]. »

Au-delà des difficultés d'adaptation de certains, il est évident que d'autres préfèrent tout simplement ne pas venir ou se tourner vers d'autres carrières, comme en attestent les difficultés de recrutement dans différents domaines du service, en Europe[8] et dans le monde, affectant parfois les services publics, comme le transport[9] ou la santé[10]. Les témoignages de changement de vie, parfois radicaux, se multiplient, à l'image d'Alexia Grace, vedette d'*OnlyFans*, passée par les métiers d'hôtesse de l'air et de barista et lassée par l'agressivité de la clientèle. Alors qu'elle gagnait péniblement 1300 livres par mois en travaillant 12 heures par jour, la jeune femme est aujourd'hui propriétaire et prévoit d'investir dans d'autres biens immobiliers. Et savoure le bonheur d'être sa propre patronne[11].

Je ne travaillerai plus jamais

L'électrochoc causé par le Covid n'a pas seulement généré de l'anxiété aux travailleurs mais en a libéré certains jusqu'à un point inattendu. Ce n'est peut-être

---

7 "The return of the crowded office" (economist.com).
8 « Record historique de postes à pourvoir en Allemagne » (courrierinternational.com).
9 Central line will open tonight as TFL reverses 'staff shortage' measures | *The Independent*.
10 Voir chapitre précédent, « Ghoster son employeur ».
11 Flight attendant sick of 'rude customers' quits to earn £25k a month on OnlyFans instead (indy100.com).

pas pour rien que l'hymne de l'été 2022 était *Break my soul*, de Beyoncé, une chanson dans laquelle la diva s'imagine quittant son emploi, refusant de voir son âme brisée par les aléas de la vie[12]. Selon certains médias, le titre aurait occasionné une vague de démissions aux États-Unis. Si l'info est assez difficile à chiffrer, il est certain aujourd'hui que les départs se font plus nombreux. En France, on évoque un nombre de démissions historique : 520000 personnes auraient ainsi quitté leur emploi chaque trimestre[13] entre 2021 et 2022[14]. Si le chiffre n'est pas sans précédent (on avait également observé une vague de démissions en 2008, au moment de la crise financière[15]), la nouveauté réside dans la profonde remise en question de la nécessité du travail. Julie[16] fait partie des démissionnaires de l'année 2021 et n'est pas pressée de retourner travailler : « J'occupais un poste plutôt intéressant dans une agence de publicité parisienne reconnue, j'avais des responsabilités, des projets variés, un bon salaire… En 2020, je me suis rendu compte que l'ambiance de bureau ne me manquait pas spécialement, j'ai aimé travailler de chez moi dans le calme. Ensuite, j'ai été émerveillée de constater que les statistiques concernant la pollution étaient en baisse, du fait de l'activité générale en pause. Jusque-là, j'avais tendance à penser que le réchauffement climatique était en marche, qu'on n'y pouvait pas grand-chose, qu'il était irréversible. C'est à

12 Beyoncé's 'Break My Soul' Inspired Quitters. Economists Are Divided Over It (wsj.com).
13 Vague de démissions en France: un effet post-Covid ? | Lefebvre Dalloz Compétences (lefebvre-dalloz.fr).
14 « La pandémie de Covid-19 a-t-elle modifié le rapport au travail ? » (vie-publique.fr).
15 Idem.
16 Le prénom a été changé.

ce moment que j'ai commencé à réfléchir à l'impact de mon job sur l'état de la planète : concrètement, j'incite les gens à consommer des produits dont ils n'ont pas besoin… J'ai ressenti une grande culpabilité et, après avoir bien réfléchi, j'ai décidé de poser ma démission fin 2021. » Depuis, Julie est en pleine réflexion pour la suite mais elle n'est pas certaine de vouloir retourner travailler : « Ou alors dans un job qui aurait du sens ! »

Ce désintérêt pour le monde du travail, Julie n'est pas la seule à le ressentir. Après avoir pris conscience de leur mortalité, ou simplement passé du temps en famille, certains ont décidé de prendre des mesures et de quitter le monde du travail à jamais. Émile[17] n'a pas attendu l'épidémie du Covid-19 pour s'y atteler. Après quelques années passées dans le milieu de la finance à Londres, le jeune homme a pu investir ses gains de façon à ne plus avoir besoin de travailler : « J'ai perdu mon âme dans cet emploi mais désormais, mon argent travaille à ma place », souligne-t-il en riant. D'autres, aux salaires moins mirobolants, optent pour une réduction drastique de leur train de vie, ainsi que pour les minima sociaux[18]. Loin des fantasmes autour de gains faramineux au Loto, une vie loin du travail est possible quasiment pour tous mais demande des politiques ambitieuses et concrètes. Un rêve qui deviendra bientôt réalité ?

---

17 Le prénom a été changé.

18 « Ces Français qui ne veulent plus jamais travailler » (vice.com).

Partie VI

Changer : quelques pistes

Chapitre 17
« Le client n'est pas roi » : la riposte s'organise

« Lorsqu'un commerçant affirme que le client est roi, méfions-nous de la guillotine. » – Robert Sabatier, *Le livre de la déraison souriante*[1]

« On ne peut pas faire les hot-dogs et servir le client. » – Proverbe québécois

Dans le service, la règle est la suivante : le client est roi. Peu importent son arrogance, son impolitesse ou son agressivité, il faut absolument rester diplomate et souriant. Il y va de la réputation de l'établissement, puisque attribuer une note sur Google est à la portée de tous. Mieux vaut limiter la casse en s'écrasant systématiquement.

J'ai vécu le paroxysme de cette règle lors d'une situation dont le dénouement a été pour le moins... absurde. Encore étudiante, j'ai eu l'occasion de travailler comme serveuse, le temps d'une soirée, dans une boîte de nuit proche des Champs-Élysées. Ma sœur,

1 *Le livre de la déraison souriante*, Robert Sabatier, éditions Albin Michel.

présente à mes côtés, avait pour mission de tenir la caisse à l'entrée. Cette dernière, entre deux groupes de clients avinés, a ressenti une envie pressante. La file d'attente aux toilettes était interminable. Comme nous ne disposions pas de WC pour le personnel et qu'elle n'avait pas de temps de pause, ma sœur a demandé gentiment à la personne en tête de file si elle pouvait passer rapidement avant elle, en lui expliquant sa situation. Pour toute réponse, la cliente a cassé le verre qu'elle tenait à la main et lui a tailladé le bras de haut en bas, adjoignant au geste un langage fleuri. Je suis intervenue, en repoussant l'assaillante, permettant à ma sœur de se dégager pour courir alerter les organisateurs de la soirée. La cliente agressive est aussi allée se plaindre de moi, estimant que je l'avais poussée trop fort[2].

Pour toute réponse, les organisateurs de la soirée nous ont remerciées, ma sœur et moi, nous privant au passage d'une rémunération complète. Quant à la cliente violente, elle s'est vu offrir... une bouteille de champagne. Paniqués à l'idée qu'elle porte plainte (et puisque nous étions employées au noir...), ces idiots ont jugé préférable de la caresser dans le sens du poil. La cliente est ainsi restée faire la fête avec ses amis pendant quelques heures, puis est revenue à la charge en demandant de l'argent contre son silence, sûre de son bon droit alors qu'elle venait pratiquement de poignarder une personne. Je vous épargne la suite.

Malheureusement, c'est ainsi : à chaque passage d'un client désagréable, verbalement ou physiquement violent, les employés sont enjoints à la passivité,

---

2 Où va le monde si l'on ne peut plus taillader le petit personnel tranquillement ?

au silence. Imaginez-vous face à une cliente agressive, qui vous explique littéralement que vous n'êtes rien et qu'elle vous «chie dessus». Voilà. Restez souriant et n'oubliez pas de dire «merci madame, au revoir madame».

Laisser passer les comportements problématiques leur permet de prospérer, d'être normalisés. Face à un management fort ou des mesures drastiques (par exemple, escorter les clients agressifs hors de l'établissement), il y a fort à parier que beaucoup feraient moins les malins. S'attaquer à des employés de service, c'est avoir la quasi-certitude de brutaliser sans conséquences. Fort heureusement, les choses changent.

Se payer la tête du client

Dans son livre, *Tokyo Crush*, l'autrice Vanessa Montalbano décrit un type de café singulier qui se développe au Japon: les *tsundere*, «terme qui désigne une personnalité froide et hostile qui devient par la suite plus tendre. Dans ces cafés, cela se traduit par des serveuses volontairement hautaines et distantes, qui n'hésiteront pas à ignorer le client ou mal lui parler.» Si 78% des Parisiens se plaignent d'avoir déjà été confrontés au moins une fois à un serveur désagréable[3] (contre 68% des Français[4]), ce n'est pas un problème pour d'autres.

Le Japon n'a pas l'apanage de la grossièreté du personnel érigée en concept commercial. Dans la

3 «Restaurants: le serveur désagréable, une réalité pour trois quarts des Français» (rtl.fr).
4 Je suggère souvent à ces personnes d'essayer le métier de serveur une semaine avant de râler.

chaîne de restauration australienne *Karen's Diner*, le service est notoirement épouvantable... pour le plus grand plaisir des clients. Le panneau installé devant le restaurant prévient d'office : « Prenez place et fermez-la[5]. » Les serveurs se montrent infects, crient sur les clients, raillent leurs styles vestimentaires et invitent toute la salle à huer les personnes affichant un régime alimentaire particulier, comme le montrent plusieurs vidéos sur les réseaux sociaux. Le nom de la chaîne n'a pas été choisi au hasard, puisque, dans l'argot populaire, une *Karen* désigne une femme qui s'insurge de peu de choses, se plaint volontiers aux responsables d'un établissement et pense que tout lui est dû[6]. Une boisson gratuite est offerte aux personnes portant ce prénom, invitées à venir se plaindre à l'accueil en présentant une pièce d'identité pour l'obtenir.

Il est assez jouissif de voir les serveurs s'en donner à cœur joie et envoyer bouler les clients à coups de réflexions désobligeantes et de commentaires bien sentis. Quiconque a déjà travaillé dans le service ne peut que jubiler. Mais on ne peut s'empêcher de penser qu'il ne s'agit pas de la réalité et que la condition de la plupart des employés de service ne change pas. Ce serait pourtant une erreur, car le *Karen's Diner* pourrait bien être une inspiration pour certains...

---

5 « Ces restaurants australiens où les clients paient pour que les serveurs soient désagréables » (courrierinternational.com).

6 J'occulte volontairement la dimension raciste du terme, peu pertinente ici puisque, à l'origine, le terme désignait une femme blanche utilisant son privilège racial pour harceler et rabaisser des personnes racisées, les mettant parfois en danger en appelant la police sans raison. Pour approfondir le sujet, consulter le chapitre 6 de mon précédent livre, *Rivalité, nom féminin*, aux éditions Favre.

Ne plus se laisser faire

« La nourriture était horrible. J'ai payé 17 livres pour une boîte ! Rien d'autre que des frites qui avaient l'air d'avoir été cuites hier, deux *onion rings* et rien d'autre de reconnaissable. » Réponse de la restauratrice : « Vous avez commandé la box végétarienne et vous nous avez appelés pour vous plaindre qu'il n'y avait pas de viande dedans. Nous vous avons envoyé ce que vous avez commandé et il n'y avait aucun problème. Cette mauvaise note est là pour couvrir votre propre erreur [...]. Nous vous prions de ne plus nous appeler. »

Ce commentaire désobligeant a été déposé par une cliente mécontente à propos du restaurant de nourriture chinoise à emporter *Oriental Express*, à Pudsey, près de Leeds, au Royaume-Uni. L'établissement a gagné en visibilité grâce aux réponses postées par la propriétaire à chaque mauvaise note injustifiée, selon elle[7]. Une attitude adoptée par un nombre croissant d'hôtels et de restaurants, ulcérés par la mauvaise foi de clients parfois motivés par un besoin de revanche lorsque leurs demandes n'ont pas été comblées. Il n'est désormais pas rare de voir un établissement rendre la pareille lorsqu'un commentaire est un peu trop acerbe.

Une tendance qui s'inscrit dans un ras-le-bol généralisé face à des comportements de plus en plus délirants. De nombreux établissements prennent des mesures pour contrer la violence des clients : pancartes sur les devantures pour exiger respect et courtoisie, tolérance zéro à l'agressivité, présence de vigiles

---

7 Chinese takeaway goes viral for savage responses to customers (indy100).

dissuasifs avec instruction de mettre les malappris dehors[8]… « Depuis l'arrivée de ma nouvelle manager, je respire. Elle pose des limites très claires aux clients et, à la moindre incartade, ils reçoivent un avertissement ou sont mis dehors », explique Sarah[9], conseillère dans une banque française.

Mais que faire lorsque le management est peu coopératif et préfère laisser le personnel en première ligne sans protection ? Certains prennent leur propre sécurité en main, comme le montrent de nombreuses vidéos sur les réseaux sociaux. On y voit des employés de fast-food mettre des clients violents KO[10], des salariés de grande distribution refuser de couper leur pause déjeuner pour occuper une caisse au moment d'un rush[11], ou d'autres manifester devant leur lieu de travail pour protester contre les habitudes abusives de certains usagers[12]. Différents hashtags sont également apparus sur les réseaux sociaux, comme #thecustomerisnotalwaysright (le client n'a pas toujours raison) ou #goodvibesonly (bonnes vibrations uniquement) pour appeler au respect des travailleurs.

Et, lorsque les salariés sont démunis face à l'agressivité des clients, il reste toujours la bonne vieille solution du sabotage : une barista américaine a ainsi eu l'idée, après avoir été traitée de « conne » par une cliente mécontente des prix pratiqués par l'enseigne, de

8 Restaurants and Hotels Push Back Against the Uptick in Customer Tantrums (wsj.com).
9 Le prénom a été changé.
10 Fight in Swansea's Taco Bell sees employee knock out angry customer | News | Independent TV.
11 TJ Maxx Manager Needs Cashiers To Front. They Are at Lunch (dailydot.com).
12 Report: Unruly Customers on the Rise; Restaurants Pushing Back – The Food Institute.

substituer du décaféiné au café ordinaire commandé[13]. « Bonne journée à bâiller au travail », lui a-t-elle lancé, dans une vidéo TikTok devenue virale. Il n'y a pas de petites victoires…

13 Barista Secretly Makes Customer's Drink Decaf After Rude Remark (dailydot.com).

Chapitre 18
Pourquoi certains emplois ne sont pas indispensables

« Et les économistes s'en vont répétant aux ouvriers : travaillez, travaillez pour augmenter la fortune sociale ! »
– Paul Lafargue, *Le droit à la paresse*[1]

Comme tous les enfants qui ont grandi dans les années 90, j'imaginais l'an 2000 comme un voyage dans l'espace. L'esthétique Y2K[2], massivement reprise aujourd'hui par la Gen Z[3], se déclinait en tenues futuristes aux touches métalliques et argentées. Jetez un coup d'œil au clip *Shame on U*[4] d'Ophélie Winter, ou *What's it gonna be ?!* de Busta Rhymes et Janet Jackson, respectivement sortis en 1996 et 1998. Le futur était à nos portes et nous rêvions, grâce à l'arrivée d'internet dans les foyers, de ce fameux village global, celui qui ferait des habitants du Pérou, de la Malaisie, du Botswana, nos voisins.

Paresseuse enfant que j'étais, j'attendais avec impatience le robot qui me débarrasserait de mes corvées et

---

1 *Le droit à la paresse*, Paul Lafargue, Le Livre de Poche.
2 Soit : *year two thousand*, an 2000, en français.
3 Les personnes nées entre 1996 et 2010.
4 Un grand cru de l'hymne féministe.

me permettrait d'écouter de la musique et de lire toute la journée. Plus de vingt ans plus tard, je dois me rendre à l'évidence: travailler au salaire minimum pendant que des robots et intelligences artificielles écrivent romans, scénarios et symphonies n'est pas le futur que j'imaginais. Comment les choses ont-elles pu aussi mal tourner?

Des années de libéralisme économique de plus en plus décomplexé, pratiqué par des gouvernements populistes, associées à des forces réactionnaires vives ont contribué à nous détourner de la plus belle utopie possible: un monde sans travail salarié ou presque. Le récent passage de la réforme du RSA[5], qui impose aux allocataires 15 heures de travail hebdomadaire, ne semble pas bouleverser les foules. Le message est clair: l'argent n'est pas gratuit. Plutôt que de maintenir les choses en l'état, voire d'augmenter les minima sociaux, on prend le risque de créer encore plus de précarité (l'argent coule cependant à flots pour l'armée et la police, rassurez-vous). Si certains s'intéressent parfois à la pauvreté des travailleurs, on n'accorde aucun crédit à celle des personnes sans activité. Au nom de quoi? De la fameuse valeur travail, celle qui maintient les manants à leur place et permet aux plus riches de continuer à s'enrichir sur leur dos.

Pratique ne rime pas avec éthique

Teddy[6], livreur pour une grande enseigne marchande, n'en revient pas: «Pendant le confinement, il y avait des

5 Revenu de Solidarité Active, une allocation versée aux personnes de plus de 25 ans aux ressources limitées ou inexistantes. Environ 600 euros pour une personne seule sans enfants et 911 pour un couple sans enfants.
6 Le prénom a été changé.

foyers que je livrais plusieurs fois par semaine, essentiellement des articles non essentiels, comme des gadgets électroniques, des livres, des DVD… Que l'on nous mette en danger, au moment où le virus du Covid était fortement létal, pour des babioles, me met profondément en colère.»

Un tel égoïsme interroge en effet. Utiliser des humains pour des actions non urgentes que l'on pourrait accomplir soi-même le moment venu est certainement problématique. Cette réflexion s'applique particulièrement aux livreurs, au personnel d'entretien… On m'oppose souvent que ce type de service est «pratique» pour les personnes qui travaillent et ne peuvent/veulent pas se charger du ménage de leur intérieur, de la cuisine… Pratique, je veux bien le croire. L'esclavage devait l'être aussi, aux yeux des esclavagistes. J'imagine qu'il est également pratique de confisquer le passeport d'un employé étranger, de ne lui laisser aucun jour de congé et de le sous-payer. Mais quel monde voulons-nous? Quelles personnes souhaitons-nous être?

Certaines entreprises essayent d'améliorer les conditions de travail des livreurs en les embauchant en CDI[7]. Ainsi, ces derniers ne courent plus contre la montre, ont une couverture sociale et un revenu fixe garanti, si modeste soit-il (10,30 euros brut de l'heure). Mais est-ce suffisant? N'y a-t-il pas quelque chose de féodal à se faire apporter chez soi ce qu'on pourrait récupérer soi-même en quelques pas? N'est-il pas troublant de faire faire son lit et sa vaisselle sale par une femme de ménage payée au SMIC[8]?

7 «Lille: Salarier les livreurs de repas à vélo, qu'est-ce que ça change?» (20minutes.fr).

8 Qui n'a jamais observé, horrifié, ses collègues laisser leurs mugs dégoûtants, leurs assiettes et couverts dégueulasses au personnel d'entretien dans l'évier de la cuisine d'entreprise?

D'autres options sont pourtant possibles. Lorsque j'ai travaillé, il y a quelques années, dans une petite entreprise japonaise, nous avions pour consigne, chaque matin, avant l'ouverture du magasin, de le nettoyer de fond en comble. Nous passions de longues heures dans cette boutique, y prenions nos repas et échangions, aussi ne me semblait-il pas absurde de prendre part à son nettoyage[9]. Un des rares moments où s'effaçait la stricte hiérarchie, puisque chaque employé s'y pliait avec le même sérieux, à commencer par le directeur.

Réduire le temps de travail : une urgence

C'est à Montréal que j'ai vu, pour la première fois, un petit robot travailler dans un restaurant. Monté sur roulettes, il se déplaçait de table en table pour apporter les commandes de clients ravis, n'oubliant pas de leur souhaiter bon appétit à travers son écran. J'avais enfin un aperçu de l'an 2000 comme je l'imaginais.

L'automatisation de certains services est inéluctable, ainsi que l'on peut le voir dans les supermarchés, où les caisses automatiques sont désormais légion. Si certains (dont j'ai fait partie) ont, au départ, pesté contre l'apparition de ces machines parfois capricieuses, plaidant pour leur disparition en faveur du maintien de l'emploi, il est possible d'imaginer des solutions plus ambitieuses.

---

9 Bien sûr, cette réflexion n'empêche pas de critiquer cette culture du présentéisme qui nous amène presque à considérer une entreprise privée dans laquelle on ne possède aucune part comme notre second foyer.

Pourquoi les caisses automatiques ne remplaceraient-elles pas les caissières de façon définitive ? Pourquoi leur usage ne serait-il pas généralisé ? Ai-je vraiment besoin du sourire de la crémière lorsque je vais quérir mes yaourts ? Une hôtesse d'accueil ne pourrait-elle pas être remplacée par un écran tactile qui dispenserait toutes les informations nécessaires ? Ne pourrais-je pas me passer de magasins ouverts jusqu'à 2 heures du matin ?

La proposition peut sembler provocatrice, mais prenez le temps d'y penser : pourquoi, à l'ère des technologies les plus folles, ne pourrait-on envisager de décharger, lorsque c'est possible, les humains de tâches ingrates ? Ou du moins, de s'appuyer sur les machines pour réduire le temps de travail ? Pourquoi ne pourrait-on imaginer forcer les entreprises, qui économiseraient ainsi des sommes folles, à reverser une contribution à un éventuel revenu universel versé par l'État[10] ? Une levée de boucliers des forces conservatrices et réactionnaires, trop habituées à l'idée des masses à leur service, serait inévitable : « Mais qui craint le temps libre ? *"L'idée que les pauvres puissent avoir des loisirs a toujours choqué les riches"*, rappelait Bertrand Russell. Il y a les potentialités subversives de "l'oisiveté" : *"Plus mes peuples travailleront, moins il y aura de vices"*, affirmait Napoléon ; *"le travail est la meilleure des polices"*, martelait Nietzsche ; *"le monde appartient à ceux qui ont des ouvriers qui se lèvent tôt"*, répétait Coluche. Pour les patrons philanthropes et autres hygiénistes du XIXe siècle, le travail a cette vertu d'éviter au peuple l'ivrognerie, la luxure, la délinquance et le socialisme. Seuls les riches savent s'occuper, et c'est en le faisant

10 « En France, l'idée du revenu universel refait surface avec la crise du Covid-19 » (france24.com).

savoir que la *classe de loisir* affirme sa supériorité, tout en louant pour les autres la "dignité du travail" et la simplicité. Comment diable les gueux occuperaient-ils leur temps autrement ? Et ne risquent-ils pas d'occuper les ronds-points et les Champs-Élysées ?[11] » Pourtant, il faut l'envisager sérieusement. À l'heure où le nombre de personnes au chômage en France se rapproche des 2,2 millions, il est temps de réfléchir à une meilleure distribution des emplois, mais aussi à une solution pour les personnes qui n'en auront pas.

Une autre évidence à la suppression de certains emplois : le changement climatique. Le premier confinement mondial a révélé qu'il était possible de réduire les émissions mondiales de CO_2. Magasins fermés, avions au sol, usines à l'arrêt… la mise en pause de l'économie en 2020 a permis une respiration salutaire : « En moyenne, chaque pays du monde a vu ses émissions quotidiennes de CO_2 diminuer de 26 % lors du pic du confinement. En France, où les restrictions de déplacements ont été particulièrement importantes, la baisse est encore plus forte : 34 % de baisse maximale d'émissions calculée le 20 mars dernier, un niveau qui s'est maintenu jusqu'à fin avril[12]. » Des chiffres quasiment miraculeux que l'on pourrait reproduire en acceptant de ralentir, voire stopper la sacro-sainte croissance.

Réduire le temps de travail ou supprimer les emplois qui peuvent l'être sont ainsi des pistes pour sortir d'un système injuste d'exploitation des uns pour le plaisir ou les loisirs des autres. De telles mesures permettraient à chacun d'élargir ses perspectives, de

---

11 « Réduire le temps de travail : l'évidence abandonnée » – *CQFD*, mensuel de critique et d'expérimentation sociales (cqfd-journal.org).
12 « Pollution : un confinement tous les ans pour atteindre les objectifs climatiques » (lesechos.fr).

se réaliser autrement ou de trouver une place et un rôle plus utiles dans la société. Après tout, il n'est pas (encore) interdit de rêver.

Plaidoyer pour un changement

Après avoir lu cet ouvrage, vous devez penser que je suis pour l'abolition pure et simple des métiers de service. Avec les apports croissants de la technologie, peut-être l'utopie commencerait-elle à prendre forme pour créer enfin une société réellement égalitaire.

Pourtant, toutes tranchées que semblent mes opinions, je n'ai pas d'avis sur le sujet. J'ai retourné la question dans tous les sens et je reste incertaine. Peut-être sommes-nous loin du compte. Peut-être avons-nous trop normalisé l'idée que certains sont faits pour servir les autres[1]. Quelle que soit notre condition sociale, nous avons pris l'habitude de dépendre d'autres êtres humains pour nos loisirs, notre alimentation, notre style de vie... Nous utilisons les autres, leurs corps, leur force vitale, leur énergie pour entretenir notre futilité, et personne n'y trouve rien à redire. Cette idée me donne envie de tout brûler.

Pourrait-on faire autrement ? Au vu des méthodes et habitudes de consommation de plus en plus aberrantes,

---

1 Il est, par exemple, assez commun d'entendre classifier certaines ethnies ou nationalités entières sous leur domaine de prédilection supposé : les femmes philippines seraient merveilleuses avec les enfants, les femmes noires feraient d'excellentes femmes de ménage...

cela semble difficile à imaginer. Nous les avons acceptées jusqu'à l'absurde.

Mais il le faut, pourtant.

Nous le devons. Le degré d'humanité d'une société se mesure à la façon dont elle traite les plus faibles. Les enfants, les personnes âgées, les animaux, mais aussi ceux qui occupent les échelons les plus bas sur l'échelle sociale. Ceux qui ne sont rien, d'après les logiques comptables de ceux qui ont une calculatrice à la place du cœur. Nous ne pouvons l'accepter plus longtemps.

Mon confort ne prime pas celui des autres. Il est, en réalité, amoindri par la perspective de personnes sous-payées et rarement bien traitées qui se démènent pour que je passe un bon moment. Comment savourer pleinement un mocktail sur la plage, alors que les personnes qui me le servent transpirent à grosses gouttes en plein soleil pour un salaire médiocre ? Je n'y arrive pas.

Comment, alors, faire en sorte que chacun y trouve son compte ? Avant tout, il importe que les travailleurs soient mieux protégés. Le droit du travail, sans cesse détricoté à coups de réformes successives, doit être défendu. Par tous, et pas uniquement par les personnes concernées. Les salariés devraient avoir le droit de refuser de travailler les dimanches et les jours fériés sans craindre pour leur place[2]. Toutes les catégories de métiers devraient être indemnisées pour le travail dominical[3] et chaque employé devrait conserver la liberté de s'habiller à sa guise (ou se voir verser une aide à l'achat de vêtements de travail, lorsqu'ils ne sont pas fournis par l'employeur).

---

2 En théorie, c'est déjà le cas mais, dans la pratique, c'est compliqué.

3 Ce n'est pas toujours le cas, comme avec les métiers assimilés au domaine culturel. Ainsi, si vous êtes ouvreuse au cinéma, vous percevez un salaire simple le dimanche.

Voici également ce que nous, simples clients, pourrions faire, à notre échelle : commencer à considérer les employés de service comme des humains. Oui, cette phrase semble provocatrice de prime abord, pourtant elle est basée sur des faits, relatés tout au long de ce livre. Dites bonjour, soyez aimables, ne vous formalisez pas si vous n'obtenez pas ce que vous souhaitez, surtout si vous ne savez rien des réalités de la personne qui vous fait face. Ce n'est pas bien compliqué : il s'agit juste d'être une personne décente.

Table des matières

Achevé d'imprimer en décembre 2023 par Sepec Numérique – 01960 Péronnas
N° d'imprimeur : N00432231184

PEFC 10-31-3532 IMPRIM'VERT®